REFUGIADOS URBANOS

Atenção: este livro, embora mencione refugiados e ETs, não trata de outro planeta – nem de outro país.

Isso acontece bem aqui, diante dos nossos olhos.

© 2017 Projeto Quixote

OBS: Os nomes verdadeiros foram trocados e as fotos foram tratadas para preservar a imagem e a identidade das crianças e adolescentes.

Editora	**Assistentes editoriais**	**Revisão**	**Graffiti**
Renata Farhat Borges	Izabel Mohor Fernanda Moraes	Confraria de Textos	Ota

Fotograffiti
Anjo

Desenho do livro
Márcio Koprowski

Ilustração
Bruno Pastore

Fotografia
Adriana Latorre
Aline Jardim Vasconcelos
André Luís O. da Silva
Carla Carniel
Gabriel Ferraz Benício
Isabel A. Martins Ferreira
Luciana Napchan
Luiza R. Pinto Ferreira
Marina da Silva Rodrigues
Myro Rolim
Rodrigo Rodrigues Ferré
Stela Murgel

MISTO
Papel produzido a partir de fontes responsáveis
FSC® C106952

Dados Internacionais de Catalogação na Publicação (CIP)
Vagner Rodolfo CRB-8/9410

L625r Lescher, Auro
    Refugiados urbanos: rematriamento de crianças
    e adolescentes em situação de rua / Auro Danny Lescher,
    Graziela Bedoian – São Paulo : Peirópolis, 2017.
    206 p. : il. ; 21cm x 19,5cm.

    ISBN: 978-85-7596-546-7

    1. Bem-estar social. 2. Crianças e adolescentes em situação
    de risco. 3. Rede de atenção à criança e ao adolescente.
    4. Políticas públicas de assistência social. 5. Atendimento
    psicossocial. I. Bedoian, Graziela. II. Lescher, Auro. III. Título.

                                                CDD 362.7
                                                CDU 364

Editado conforme o Acordo Ortográfico
da Língua Portuguesa de 2009.
1ª edição, 2017

Editora Peirópolis Ltda.
Rua Girassol, 310F – Vila Madalena
05433-000 – São Paulo – SP
tel.: (11) 3816-0699

vendas@editorapeiropolis.com.br
www.editorapeiropolis.com.br

Disponível em ebook nos formatos ePub
(ISBN 978-85-7596-547-4) e KF-8 (978-85-7596-548-1)

REFUGIADOS URBANOS

Rematriamento de crianças e adolescentes em situação de rua

AURO DANNY LESCHER E GRAZIELA BEDOIAN

Com a colaboração

da equipe de educadores do

Projeto Quixote

Ana Clara H. Costa, Anaí C. G. dos Santos, André Luís O. da Silva, Auro Danny Lescher, Bruno C. Rocha, Bruno Ramos Gomes, Camila M. Ferraz de Carmo, Cecília Motta, Cláudia Maria da Silva, Cláudio Loureiro, Cristiano Ribeiro Vianna (Kiko), Daniel Maia e Silva, Fernanda Quirino Ramos, Fernanda G. Sato, Ingrith Andrade e Silva, Isabel A. Martins Ferreira, Ivan Bernardes Ratcov, Joana Marchetti, Lívia M. Yago Lascane, Lucas Souza de Carvalho, Luiza R. Pinto Ferreira, Mariana Stucchi, Marina da Silva Rodrigues, Mariana Valverde, Raonna C. Ronchi Martins, Raphael Fabro Boemer.

– Miguel,

o que você quer?

— Quero uma família.

Pode ser meu pai, se ele conseguir;

minha tia, se ela quiser;

ou uma família adotiva,

se tiver.

* Diálogo colhido pela ET Lívia.

PREFÁCIO

por Rubens Adorno

Rubens de Camargo Ferreira Adorno -
Professor Associado III, Departamento de Saúde Ambiental
da Faculdade de Saúde Pública da USP.

A rua, como espaço de sociabilidade, sobrevivência e trabalho, faz parte das práticas e do ideário das sociedades ocidentais há larga data, sendo antiga e tradicional em nossa sociedade e na história da Europa mediterrânea a presença de crianças, jovens, famílias e grupos que tomam a rua com essas finalidades.

A rua foi e vem sendo espaço de sobrevivência de grupos que acabam sendo excluídos ou se excluem dos espaços sociais da "ordem". É também o lugar dos que saem das instituições, porque mantém uma relação ambígua com a visibilidade social. O circuito de crianças e jovens na zona central de São Paulo é o mais visível. Além de ficar na área mais complexa da circulação da cidade, esses atores ganharam visibilidade pública.

A expressão "meninos de rua" passou a se consagrar e popularizar nas últimas décadas e mostra, por um lado, a participação de um conjunto de atores da sociedade brasileira que passaram a denunciar a discriminação e a lutar pela descriminalização de crianças e jovens no plano político-institucional, voltando-se para os poderes legislativos e judiciários e inscrevendo conquistas no âmbito institucional da sociedade, que hoje tem leis – Estatuto da Criança e do Adolescente.

Considerados até então menores "infratores" de rua, ou "soltos" na rua, ou "crianças abandonadas", são ainda alvo e argumento para o apelo ao assistencialismo e à repressão, na medida em que estar na rua, ou ser considerado "de rua", manifesta uma qualidade negativa.

Na história recente, registrou-se o desenvolvimento de atividades e programas voluntários de organizações não governamentais, ou mantidas por instituições oficiais, que, por meio de oficinas, espaços, "circos-escola", jogos, vêm buscando manter outras perspectivas de vínculo e de comunicação, partindo do uso do espaço "rua". Também identificou-se a presença de uma série de "performances" urbanas que tinham como protagonistas ou participantes os "meninos de rua", que apareciam por meio de expressões culturais da e na rua: graffitis, conjuntos de rappers, pagode etc. ou outras experiências que incluíam teatro, música, artes plásticas, e ainda por manifestações que assumiam uma dimensão notadamente contemporânea, reunindo fragmentos da "cidade" (seus muros, suas fímbrias de espaço, seus lugares e horários inusitados).

Esse quadro permite olhar os "meninos de rua" também como uma expressão social urbana contemporânea que suscita ao mesmo tempo a discussão sobre a cidade e as formas de vida e de conduta, que tanto podem ser pensadas no plano local – São Paulo – como em suas vias de contato com outras cidades contemporâneas, onde a presença de jovens pobres fica contida em "guetos" específicos, identificados como imigrantes, não pertencentes às sociedades nacionais, como em cidades europeias, ou como comunidades étnicas, como nos EUA.

Se tem inúmeros referentes, inclusive o de espaço de sociabilidade e lugar do ganho para sobrevivência dos "pobres" da sociedade brasileira, a rua passou a se destacar como o espaço do consumo de drogas por crianças e adolescentes e a ser, portanto, alvo de ações reparadoras, reintegradoras e políticas.

Durante os anos de 1995 e 1996, foi realizada uma investigação na zona central da cidade de São Paulo, com a aplicação do método etnográfico, visando detectar os circuitos e as falas dessas crianças e jovens a respeito da vida nesse espaço, da relação com os "outros" (o transeunte, a polícia, o educador, o traficante, as instituições) e da dinâmica que decorreu da generalização que fez a mídia sobre o uso de crack, que passou a ser uma insígnia a mais na identidade dessas crianças e jovens (Adorno, 1996).

A partir dessa pesquisa, adotou-se a expressão "crianças e jovens em trânsito nas ruas" para situar não só a existência de crianças e jovens que usam a rua como espaço de sobrevivência, mas também sua forma de viver, de se aventurar. Essa ação encontra as ruas da cidade como cenário de expressão e passa a constituir um "circuito" que congrega vários personagens: crianças e jovens que vivem, transitam ou ocupam o espaço da rua das mais variadas formas, educadores, artistas, intelectuais, voluntários, traficantes etc.

Ao definir "crianças e jovens em trânsito e em direção à rua", procurou-se designar um conjunto de experiências de vida, de "estilos de vida" marcados e construídos por adesão a um espaço, que, por ser amplo, exposto, desprotegido e alvo de assédios, **requer a construção de estratégias, de mecanismos de manipulação e defesa** que acabam por formar um tipo de sociabilidade que se produz e reproduz tendo **como referência o grupo, "a turma", o "bando", os "manos", mas também os "tios", as instituições, os espaços de lazer e de recolhimento, o uso da droga, seja o crack, o esmalte ou a cola**. Coisas que passam a fazer parte e que funcionam como atrativos e, ao mesmo tempo, como a marca, o estilo desse circuito "de rua".

Por oposição à casa, a rua representa um conjunto de territórios que rompe a dimensão do tempo, violentando limites entre o possível e o impossível. "Zoar", nesse espaço, significa transitar, ir de um lugar a outro, obter as coisas que o mundo da casa não oferece. Essa experiência tem também o significado da experiência "jovem", da passagem para uma suposta "liberdade" adulta.

Nessa interpretação do fenômeno social da criança/jovem em direção à rua, vemos aspectos como a **construção de um modo de vida**: a sobrevivência a partir da exposição nas ruas, o contato com as redes que manipulam drogas ou armas e subsidiam formas de vida violentas, ao lado da violência e da deterioração física da cidade, e no corpo dos que aí habitam a marca de uma intensa energia e resistência a esse mundo muito rápido, ágil, fugaz, que tem um outro tempo: o de zoar, o de "dançar" ou não dançar, de repente, o de viajar, ou o de ficar horas sentado/deitado num banco com um cobertor e um saquinho de cola, de esmalte, conversando bobagens, dormindo, viajando de olhos fechados ou juntando-se para dar um giro, para apanhar alguma coisa, conseguir algum bagulho etc. Todos se conhecem, como numa grande "horda", num "clã"; os contatos podem ser mais próximos com alguns da "turma" mais chegada, mas conhecem-se todos e, principalmente, participam de um mesmo código de mensagens, em que se avisa da presença de outro tipo de polícia, traficante, ou então "sujou", ir para outro lugar, agir.

Ainda na definição desse trânsito, cita-se a **rua como um território de aventura e de riscos, como um contraponto à falta ou ao excesso de ordens ou tarefas propostas no âmbito da família**, e a ideia da onipotência e do ilimitado que a rua traz – nela pode-se assumir outro papel, cheirar cola ou fumar crack – fazem parte do poder tudo nesse lugar, sentir-se forte, poderoso (Vogel, 1991), paradoxalmente, num espaço em que os riscos são constantes.

O que ameaça e torna estranha essa experiência tem dependido do olhar que se lança e que realça os perigos. Crianças e jovens são entes de direito que invocam proteção e atenção, mas aparecem expostos e desclassificados desse direito. Mas, ainda que de forma invisível, essa proteção é oferecida por agentes e instituições diversas que procuram propor esses direitos.

Entende-se por circuito um grupo que passa a frequentar, circular e adotar comportamentos e práticas que o tornam reconhecido e reconhecível por outros que também frequentem esse lugar e que reflexivamente passam a incorporá-lo como parte da sua identidade. O circuito também pode estabelecer um contínuo, como um trem fantasma que reúne "cenas" de mesmo teor num caminho que vai sendo percorrido, ou de um jogo de videogame que estabelece o circuito dos personagens.

Outro conceito que destacamos aqui é o de "tolerância", que se refere à atitude que os demais passam a ter diante daquele circuito. Assim, crianças pobres presentes na rua podem inspirar compaixão, indignação, medo, revolta ou evitação. Essas reações são construídas de acordo com as conjunturas e a reflexividade social. O circuito passa a ser percebido como "crianças abandonadas", "meninos infratores" ou perigosos e ameaçadores "crackeiros". Essa percepção vai orientar as ações e propostas gerais em relação a eles.

Este livro, que reúne vinte anos de trajetórias por esse circuito, busca entender a lógica da rua a partir da rua. Ele mostra a metodologia desenvolvida pelo Projeto Quixote, tanto por meio de depoimentos dos educadores, personagens que convivem com meninos e meninas em trânsito pelas ruas e, por meio do encontro, dão sentido a essa realidade bizarra, quanto por meio de seus diários de campo.

Os diários representam a projeção dos educadores nesse espaço; refletem parte da imagem que fazem de si e do outro – meninos e jovens, seus educandos quando inseridos nesse espaço. Assim, os temas e registros dos diários de campo refletem o recorte dos educadores a respeito da parte mais encoberta do circuito de que fazem parte: a rua.

RUBENS ADORNO

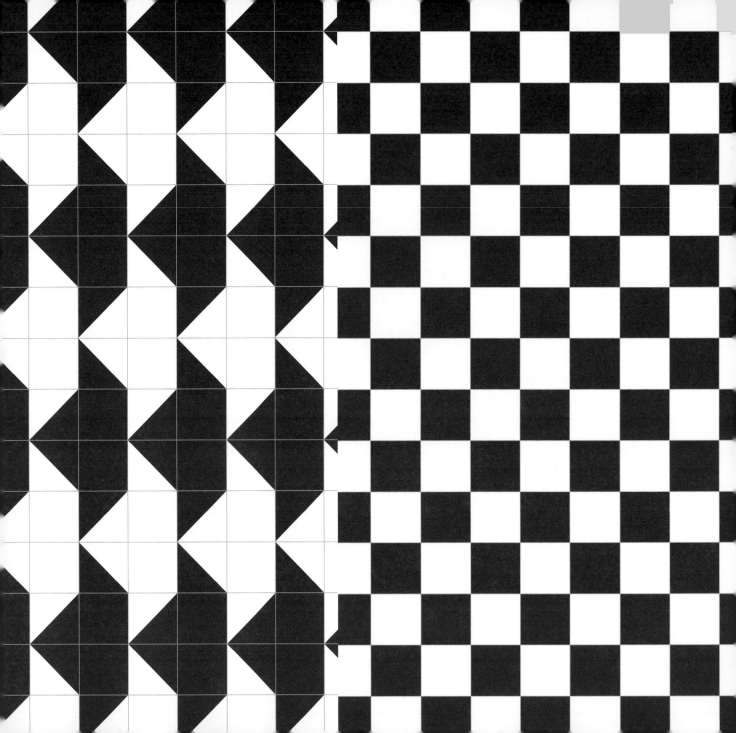

MAPA DO LIVRO

Lista de siglas e abreviaturas	16
Refugiados urbanos	21
Na rua	29
As crianças	53
O território é o menino	61
Manual de sobrevivência	69
Rematriamento, a metodologia	93
ET, o educador terapêutico	107
Diário de campo	143
Não ao silenciamento	177
Idade da pedra – **Posfácio** por Auro D. Lescher	196
Glossário de absurdos	199
Referências	200
Créditos das imagens	202
O Projeto Quixote	205

LISTA DE SIGLAS E ABREVIATURAS

AMA – Assistência Médica Ambulatorial
Unidade de saúde da Atenção Básica Municipal integrada à rede de serviços, atendendo à demanda espontânea de agravos menores.

AT – Acompanhamento terapêutico
Trabalho clínico que visa promover a autonomia e a reinserção social na organização subjetiva do paciente ampliando a circulação e a apropriação de espaços públicos e privados.

CAPE – Coordenadoria de Atendimento Permanente e de Emergência
Unidade pública estatal que oferta atendimento permanente à população em vulnerabilidade social, responsável por solicitar atendimento a pessoas em situação de rua e pela central de vagas de acolhimento para adultos, crianças e adolescentes. Funciona 24 horas por dia.

CAPS – Centro de Atenção Psicossocial
Unidade de atendimento intensivo e diário a portadores de sofrimento psíquico grave, é uma alternativa ao modelo centrado no hospital psiquiátrico, pois permite a permanência junto com a família e a comunidade.

CEDECA – Centro de Defesa da Criança e do Adolescente
Dá prioridade ao fortalecimento do controle social sobre políticas públicas de promoção dos direitos de crianças e adolescentes e procura garantir sua defesa jurídico-social em casos de violência sexual.

CONDECA – Conselho Estadual dos Direitos da Criança e do Adolescente
Participa da elaboração das políticas de atendimento à criança e ao adolescente, gerencia o Fundo Estadual dos Direitos da Criança e do Adolescente (FEDCA), formado por doações de pessoas físicas e jurídicas para projetos de organizações sociais. Este livro é apoiado por recursos deste fundo.

CRAS – Centro de Referência de Assistência Social
Unidade pública estatal de base territorial localizada em áreas de vulnerabilidade social, faz serviços de proteção social básica e organiza e coordena a rede de serviços socioassistenciais locais da política de assistência social. Dada sua capilaridade nos territórios, é a principal porta de entrada dos usuários para a rede de proteção social do Sistema Único de Assistência Social (Suas).

CREAS – Centro de Referência Especializada de Assistência Social
Unidade pública estatal que oferece serviços especializados e continuados a famílias e indivíduos em diversas situações de violação de direitos a fim de potencializar e fortalecer sua função protetiva.

CRECA – Centro de Referência Especializada da Criança e do Adolescente
Abrigos provisórios, considerados a porta de entrada para os serviços e equipamentos da Secretaria Municipal de Desenvolvimento Social de São Paulo para o atendimento de crianças e adolescentes em situação de vulnerabilidade, visando garantir seus direitos.

ET – Educador Terapêutico
Nome com que o Projeto Quixote designa os educadores sociais que acompanham crianças e adolescentes em situação de rua visando garantir seus direitos a saúde, educação, lazer, cultura e retorno à família.

OSCIP – Organização Social de Interesse Público
Organizações não governamentais que cumprem requisitos específicos determinados pelo Ministério da Justiça do Brasil com a finalidade de facilitar parcerias e convênios com todos os níveis de governo e órgãos públicos e permitir que doações realizadas por empresas possam ser descontadas no imposto de renda.

PIVALE – Projetos Integrados do Vale do Anhangabaú
Surgiu da necessidade de dialogar coletivamente, em rede, com os projetos e serviços que atendiam crianças e adolescentes da região do Vale do Anhangabaú, para que os atendimentos não ficassem fragmentados, como as histórias ouvidas, e nem duplicados. As reuniões aconteciam mensalmente, em locais alternados entre o Projeto Quixote, o CAPS-Sé, o SEAS Santa Cecília, a Fundação Travessia e outros.

SEAS – Serviço Especializado de Abordagem Social
Visa assegurar o trabalho social de busca ativa e abordagem nas ruas identificando nos territórios a incidência de trabalho infantil, violência, abuso ou exploração sexual de crianças e adolescentes, pessoas em situação de rua e outras.

SUAS – Sistema Único de Assistência Social
Instituído em 2005, o Suas descentralizado e participativo tem a função de gerir o conteúdo específico da assistência social no campo da proteção social brasileira.

SUS – Sistema Único de Saúde
Visa garantir acesso integral, universal e gratuito de toda a população do país aos sistemas públicos de saúde.

UBS – Unidade Básica de Saúde
A porta de entrada do sistema de saúde, faz parte da atenção primária da Política Nacional de Urgência e Emergência, lançada pelo Ministério da Saúde em 2003.

AS ORIGENS

Em 1996, chega ao Programa de Orientação e Atendimento a Dependentes (Proad), ligado ao Departamento de Psiquiatria da Universidade Federal de São Paulo (Unifesp), um pedido de supervisão a educadores que trabalhavam com crianças usuárias de droga nas imediações da Ceagesp, entreposto de alimentos da cidade de São Paulo que abastece mercados e restaurantes.

Forma-se uma equipe de psiquiatra e psicólogos que, no início do trabalho, já depara com histórias de crianças e jovens perambulando entre caminhões, caixas e muito lixo misturado a restos de comida.

Logo percebem que o desafio do trabalho com essas crianças e adolescentes era muito mais complexo que a chamada "toxicomania precoce". Crianças e adolescentes não estavam lá à procura de droga, mas de sobrevivência física (alimento) e psíquica (significado para sua vida).

Foi com a percepção de que, **para além da droga, há a singularidade de cada pessoa e de sua cultura** que essa equipe criou o Projeto Quixote, tendo como referência as ideias de Olievenstein, segundo as quais a questão do uso de drogas é bastante complexa e deve ser considerada sempre pela perspectiva do tripé INDIVÍDUO – sua história, estrutura; SUBSTÂNCIA utilizada; e CONTEXTO sociocultural, para uma visão mais ampla (Olievenstein, 1983).

Na época, a problemática de crianças vivendo nas ruas estava em evidência e crescia junto com a violência e a desigualdade social. Para responder a isso, criou-se uma estrutura de atendimento baseada num olhar clínico, pedagógico e social, além da supervisão aos educadores da região da Ceagesp e de outros serviços.

Em 2005, o Projeto Quixote cria o Moinho da Luz, na região da Cracolândia, num espaço cedido pela prefeitura de São Paulo na Praça Júlio Prestes, em frente à Sala São Paulo, edifício que abrigou a estação da Estrada de Ferro Sorocabana e hoje é sede da Orquestra Sinfônica do Estado de São Paulo. Lugar bastante simbólico pelo contraste. De um lado, o marco do progresso paulistano, a cultura, a arte; de outro, a miséria, a pedra (crack), o vazio da subjetividade.

Nesse espaço, moravam pessoas marginalizadas pela sociedade, famílias inteiras que invadiram esse lugar sem nenhuma infraestrutura – nem mesmo banheiro. Mas foi ali que a equipe deparou com uma situação que deixou uma marca: num canto protegido por papelão limpo e com brinquedos, as crianças (filhas dessas pessoas marginalizadas) podiam ficar de maneira mais tranquila. A equipe entendeu que, mesmo nas situações mais adversas, o Homem tem fome de dignidade. De lá pra cá, o trabalho caminhou por diferentes moinhos no centro da cidade: Moinho Bixiga, Moinho República e de volta ao Moinho da Luz.

Durante os vinte anos de trabalho, construímos um saber com metodologia específica para essa população, a qual compartilhamos neste livro, na VOZ DE EDUCADORES que durante esse período estiveram conosco, norteados pelo compromisso e respeito para transformar essas complexas histórias de vulnerabilidade.

REFUGIADOS URBANOS é um programa do Projeto Quixote que lida com o drama presente em várias sociedades: a situação de crianças e adolescentes que se refugiam no centro da cidade como mecanismo de afirmação da vida.

Trata-se de um exílio: precisar sair de casa ou distanciar-se dela, às vezes romper com a família, com a história das referências da comunidade de origem, com as pessoas com quem possui vínculos afetivos, com os cheiros, as marcas do seu lugar, da sua mátria.

Mátria é um neologismo criado por Ernesto Sábato para descrever a imagem do imigrante que precisa sair de sua cidade, sua casa, sua pátria, entrar num navio e da popa testemunhar a costa se distanciando; naquele momento, **a pátria é tão forte e poderosa, que deveria se chamar "mátria".**

Essas crianças e adolescentes não estão nas ruas por causa das drogas.

O uso de drogas, de substâncias que alteram a percepção sobre si mesmo e o mundo, como o crack, em situações de desterritorialização, de desenraizamento, como as vividas por essas crianças e adolescentes, merece ser considerado um mecanismo humano muito compreensível para tornar suportável o insuportável.

" É preciso antes entender

QUEM SÃO

essas crianças e jovens. "

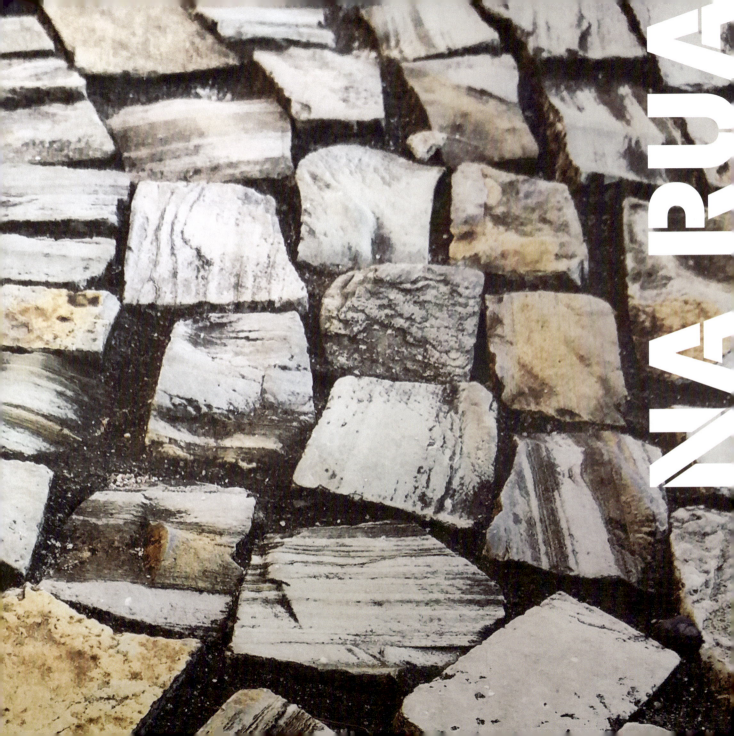

"Na Rua 7 de Abril e no Viaduto do Chá, podemos começar a falar de uma coisa que os olhos não negam. No Vale do Anhangabaú, existem muitas crianças. E a cada dia o número delas cresce. Entre um movimento e outro, os mesmos meninos e meninas permanecem nesse território.

Entre um Uno, dominó, passeios ao edifício Martinelli, jogos de memória, muita coisa vem sendo dita e, justamente por isso, acredito que não está tudo perdido. Elas brincam, conversam conosco, elas nos deixam estar lá.

Lá onde?

Na rua.

Parece que elas insistem em ficar lá. **RESISTEM.**

Confesso que isso me encanta: elas não se transformam em corpos dóceis, não se sujeitam a qualquer convite, a qualquer brincadeira, a qualquer sorriso.

Por que queremos tirá-las de lá a todo custo?

POR QUE CRIANÇA NA RUA É BIZARRO.

E É MESMO.

ET RAONNA

Crianças descalças, adolescentes cinza e esfarrapados se misturam ao ritmo apressado do centro da grande cidade. Essa presença desperta um misto de sensações: indiferença, medo, repúdio, raiva, compaixão. Desperta também a consciência do quanto fomos nos acostumando, ao longo do tempo, com o bizarro (Lescher e Loureiro, 2007).

O BIZARRO é a criança sozinha, sem um adulto que dela cuide, que lhe dê proteção e lhe assegure o direito de ser criança.

O BIZARRO é a criança estar à mercê da violência, do abuso e da exploração.

O BIZARRO é a criança ter que buscar nas ruas, no lixo, no furto e na droga a sua sobrevivência.

O BIZARRO é tudo isso acontecer sob os olhos da sociedade civil e do governo, que se vão acostumando e transformando essas crianças em crianças invisíveis.

Relatório da Unicef (2006): "as crianças podem tornar-se invisíveis, efetivamente desaparecendo dentro de sua família, de sua comunidade e de sua sociedade, assim como desaparecem para os governos, para doadores, para a sociedade civil, para os meios de comunicação e até mesmo para outras crianças. Para milhões de crianças, a principal causa de sua invisibilidade é a violação de seu direito à proteção."

Quando ouvimos e falamos sobre a "revitalização" do centro de São Paulo, devemos ouvir e falar de uma ampla e profunda reforma, aquela dos espaços físicos – praças, prédios – e a das relações sociais, da dimensão humana que habita esse território símbolo e que o faz pulsar.

Ali, o abandono dessas crianças, que é concreto, provoca um diálogo íntimo com o abandono que carregamos silenciosamente dentro de nós mesmos. Como elas, podemos constatar em nossa interioridade certo embrutecimento da leveza, da espontaneidade, e principalmente da capacidade de espanto.

(Lescher e Loureiro, 2007)

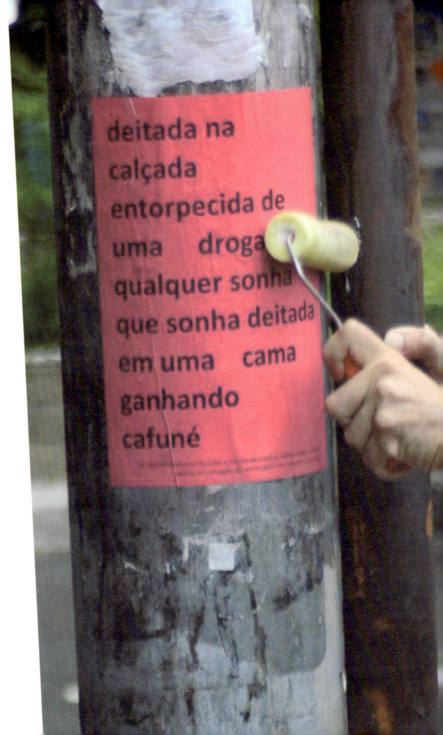

ABANDONO E A VIOLÊNCIA

"
Crianças e adolescentes nas ruas do centro da cidade de São Paulo fazem do espaço público a sua morada, o seu lugar de pouso, de busca de outra possibilidade. Buscam nas ruas uma possibilidade menos violenta de ser vivida. Nas ruas!

Encontram na rua um lugar possível, o lugar do entre, da euforia, do tempo que não para, da impermanência, da droga, da anestesia, da ruptura, da fragmentação, da invisibilidade e da visibilidade. A rua, que é de todo mundo e não é de ninguém. Encontra-se lá um lugar possível de passagem, de poder estar. Na rua não tem paredes, e ela não se propõe a cuidar. Tem frio, tem chuva, tem sol, calor, barata, rato, barulho, bagulho, pedra, esmola, comida, roubo, violência, brincadeira, interação e solidão. O pacote-rua envolve muitas coisas, entre elas, o uso intenso de drogas.

Compreendemos que, ao contrário do que pensam muitas pessoas, não é a droga que leva as pessoas às ruas, na grande maioria das vezes. Mas as ruas que levam às drogas. O que isso quer dizer? Que tem sentido no pacote-rua, muitas vezes, o uso de drogas. Ninguém está na rua porque está bem. Não é bem "uma questão de escolha", principalmente falando de crianças e adolescentes. Deparar com esse cenário de crianças vivendo nas ruas é violento. Estamos falando de violência. A ida às ruas como uma possibilidade menos aniquiladora denuncia muitas coisas. Como era essa casa antes? Como era essa família? Havia família? O que se passa para alguém sentir o chão frio da rua mais quente do que o de casa? As perguntas são inesgotáveis. Não é possível respondê-las rapidamente.

ET LÍVIA

"Nesta questão da ruptura, o social é o mais determinante quando a gente olha pra esses meninos. E quando eu falo social não é só uma questão de uma família disfuncional, mas de uma escola que não foi suficientemente protetora, de um bairro que não é investido com a presença do Estado. É multifatorial o que determina esse menino ir pra rua. Até acredito, sinceramente, que quando esses meninos buscam o centro trata-se de uma atitude política inconsciente. Porque ali no centro eles tão tendo alguma visibilidade, com as suas provocações, eles tão pedindo pra sociedade olhar e fazer alguma coisa por eles. Se eles ficassem na quebrada, seriam só mais um número estatístico."

(CLÁUDIO LOUREIRO)

A DROGA

O uso de drogas vem sendo associado a grupos sociais marginalizados como delinquentes, jovens em conflito com a lei, crianças em situação de rua, desempregados e imigrantes. Algumas vezes, se atribuem ao abuso de drogas o esgarçamento dos laços sociais, a perda de postos de trabalho e das relações familiares ou o motor de atos de violência e delinquência.

O fator determinante para a criança ou o adolescente estar morando nas ruas não é o consumo de drogas. Quando consideramos as condições de vulnerabilidade social, observamos que estas, sim, acabam por gerar situações de exclusão e assim favorecer o uso de drogas.

Em 2011, fizemos um levantamento entre a população de crianças e jovens que vivem nas ruas da região central de São Paulo, e as variáveis que os levaram a escolhê-las como moradia apareceram na seguinte ordem: negligência e abandono no lar; violência psicológica e física; violência sexual; uso de drogas; famílias com crianças e adolescentes em situação de rua; saúde mental do atendido e da família; e trabalho infantil.

TABELA 1

Principal motivo relatado para ir à rua	%
Negligência/abandono	37,2
Violência psicológica/física	18,3
Violência sexual	15,7
Drogadição	12,4
Família em situação de rua	10,5
Saúde mental	3,3
Trabalho infantil	2,6

Levantamento realizado em 2011, entre crianças e adolescentes em situação de rua na região central de São Paulo, SP.

A droga aparece em quarto lugar, enquanto o abandono e a violência, juntos, representam 71,2% dos motivos para sair de casa e escolher a rua. Logo, o que se apresenta como relevante demonstra ser muito mais complexo porque abarca uma fragilidade microssocial, circunscrita à família, e macrossocial, porque revela que na comunidade de origem existem poucos recursos de acolhimento por parte das políticas públicas dirigidas a territórios onde há constante violência e uso de drogas.

O fenômeno "crianças e adolescentes em situação de rua" é marcado por múltiplos determinantes relacionados a privações de várias ordens. Ordem afetiva, com as dores e fragmentações singulares decorrentes de relacionamentos violentos que não conseguem acolher de forma adequada as demandas de desenvolvimento da infância. Ordem socioeconômica e política, em que o contexto social não favorece o acesso aos plenos direitos de boa escolarização, saúde e moradia em sua comunidade de origem, entre outros fatores.

Muitas vezes, as experiências de violência facilitam dinâmicas expulsivas da família e, consequentemente, o abandono da casa rumo às ruas. A falta de recursos de acolhimento nas comunidades acaba gerando um fluxo para os centros da cidade, atraentes por suas ofertas variadas e facilidades. Às vezes é mais fácil ir de ônibus ao centro do que ao bairro vizinho. E a rua é uma possibilidade de refúgio para essas crianças.

Como quixotinhos urbanos, crianças e adolescentes buscam uma situação melhor do que a que vivem em casa. No centro da cidade, procuram uma alternativa de vida, ser vistos, mesmo sem consciência dessa dimensão, e obrigam a sociedade e o poder público a se posicionarem diante de seu desamparo.

Mas o que encontram é a dinâmica da rua, com diferentes atores, onde suas necessidades de sobrevivência devem ser atendidas (OU NEGADAS) imediatamente e a vida ganha um status atemporal, turvando o passado e o futuro.

A imediatez da vivência da rua combina muito com a dinâmica do uso de droga (Olievenstein, 1999). A rua é um espaço de sociabilidade específico, onde a droga ocupa um lugar importante na ordenação das relações de poder e de prazer. O uso circunstancial de drogas parece ser o que melhor caracteriza o encontro desse jovem nas ruas com uma substância psicoativa. Circunstancial porque relacionado às características da rua e por ser descrito como funcional, como **"tirar a fome"**, **"espantar o medo"**, **"permanecer acordado"** etc.

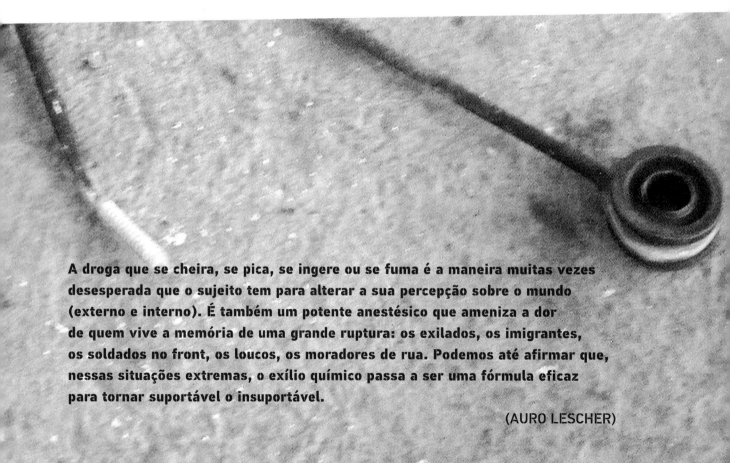

A droga que se cheira, se pica, se ingere ou se fuma é a maneira muitas vezes desesperada que o sujeito tem para alterar a sua percepção sobre o mundo (externo e interno). É também um potente anestésico que ameniza a dor de quem vive a memória de uma grande ruptura: os exilados, os imigrantes, os soldados no front, os loucos, os moradores de rua. Podemos até afirmar que, nessas situações extremas, o exílio químico passa a ser uma fórmula eficaz para tornar suportável o insuportável.

(AURO LESCHER)

Esse aspecto circunstancial ainda é confirmado pela perda desses sentidos, na medida em que essas necessidades são alcançadas de outras formas, por exemplo, quando oferecidas por uma instituição.

Então, estamos diante de uma situação – crianças e jovens da Cracolândia – de muita complexidade.

Então, sim, é usado. Como tratar? Tratar a droga? A situação da toxicomania? São jovens toxicômanos? Não, não são jovens toxicômanos. São jovens desenraizados. Como lidar com essa situação?

Buscar tanto quanto possível criar sentidos ético-estéticos de resgate da sua mátria, mesmo que não possam nunca mais voltar lá porque estão jurados de morte. A possibilidade de rever e de integrar de alguma forma emocionalmente as referências da mátria já é um processo que, na medida em que vai acontecendo, o lugar do crack, por exemplo, passa a ter menos importância porque tem a poesia, tem o break, tem o belo, tem a possibilidade de um outro ser humano, no Projeto Quixote e fora dele, na vida, com significado humano, com significado, assim: "olha, eu posso confiar".

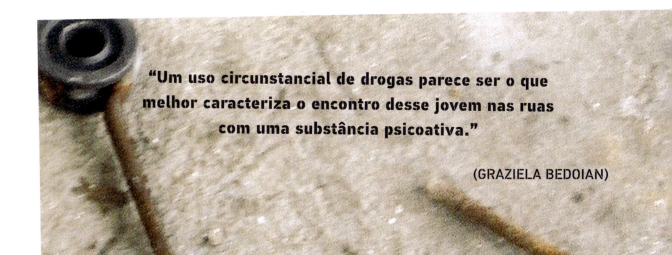

"Um uso circunstancial de drogas parece ser o que melhor caracteriza o encontro desse jovem nas ruas com uma substância psicoativa."

(GRAZIELA BEDOIAN)

"Nesta tarde de muito, muito sol (muito mesmo), encontramos dois meninos sentados em frente ao chafariz da Praça da Sé.

Eles olhavam para um cachorro que se banhava no chafariz e riam muito. Aproximamo-nos deles comentando: "Que cachorro engraçado!". Imediatamente eles se voltaram para nós e começaram a tagarelar sem parar, contando que também entraram na água porque estava muito calor e que sabiam dar "mortal pra frente" e "mortal pra trás".

Não se passaram nem dez minutos, e uns oito meninos foram se aproximando da gente. Os dois diziam: "Olha fulano, sicrano e beltrano... São os meninos da luz!!!". Um dos meninos que se aproximavam gritou para os demais: "Olha só o que eu sei fazer". Deu um pulo pra dentro d'água. Todos tiraram a roupa, ficaram de cueca e mergulharam também. Nem cinco minutos depois, os agentes da Guarda Civil Metropolitana (GCM) começaram a se aproximar. Os meninos viram, e saíram correndo. Quando os GCMs finalmente chegaram e perceberam que não tinha sobrado nenhum menino ali, pegaram suas roupas e mochilas.

Indignados, os meninos pediam as roupas e mochilas de volta, e os GCMs diziam: "Nós só vamos devolver se os pais de vocês vierem buscar". Um dos meninos disse, chorando: "Mas, tio, eu não quero voltar pra casa de cueca; por favor, devolve minha bermuda!". A resposta: "Agora é tarde".

No meio disso tudo, estávamos lá desacreditando da possibilidade de aquilo acontecer. **Era muito claro que os policiais também estavam morrendo de vontade de pular numa água gelada**; contudo, para eles isso era impossível.

Numa coisa eles tinham razão: a água era muito suja; de fato, os meninos poderiam contrair alguma doença nadando lá. Mas, pela forma como foram abordados, pelas muitas vezes ditas: **'vocês são filhos de chocadeiras'**, não acreditamos que esse fosse o motivo principal da repressão. **A repressão não tem como finalidade a proteção, como manifestada no discurso institucional. Mas tem como finalidade a afirmação da autoridade policial.**

No fim, sobraram dois policiais que toparam conversar com a gente para além da farda. Eles nos contaram que se acontecesse de alguém filmar os meninos no chafariz e isso se tornasse público (no caso, veiculado pela mídia), eles seriam responsáveis por permitir essa situação, e há muitos casos de policiais serem transferidos para longe de sua residência e outras "penas". Diziam: "A gente sabe que tem o Estatuto da Criança e do Adolescente, que muitas abordagens são exageradas, mas o pessoal tá à flor de pele, acontece muita coisa aqui, e sobra sempre pra gente resolver tudo". **O que é resolver tudo?**

De um lado, é verdade que as condições de trabalho dos policiais não devem ser as melhores, as pressões devem ser muitas e sempre no imperativo de eficiência e rapidez. A questão é: como se resolve uma situação como essa de forma eficiente e rápida?

Há muitas questões para esse tipo de situação; poucas são as respostas. Já sabemos que as instituições costumam padecer daquilo que elas se propõem a tratar; **o equívoco é que a polícia nasceu sob a égide da repressão e continua exercendo-a de forma descabida**. Eles agem obedecendo ordens, e as ordens geralmente vêm daqueles que foram eleitos pelo povo para representar seus interesses e defender suas necessidades.

ET RAONNA

O (NÃO) olhar da sociedade

"Vai e vem de carros, de pessoas que fingem que não veem, mas principalmente vai e vem de meninos sem lugar sendo empurrados para todos os lados. A dinâmica da movimentação da rua é constante.

Chama minha atenção que, apesar da vizinhança hostil, esses meninos do Vale insistem; provavelmente porque não têm um lugar melhor para ir...

Do lado da instituição para jovens, na quadra, eles não são bem-vindos. Me pergunto se para essas pessoas eles não são considerados jovens, ou se essa categoria "jovens sujinhos" simplesmente não merece a atenção deles. Nesse lugar, o cadeado é a melhor solução.

Na frente da padaria, no meio de tantos transeuntes, a recepção é pior ainda. Muitas vezes, as cenas de seguranças afastando-os, policiais correndo com spray de pimenta, mostrando poder e entrando na batalha do empurra-empurra e do "aqui não dá pra ficar".

E o nosso trabalho em meio a tudo isso? O que vejo são olhares de inquietação, de reprovação dirigidos para nós, que estamos ali justamente para lembrar que aqueles são meninos que gostam de jogar damas muito mais do que de empurra-empurra! Em discussões com o grupo, passei a perceber a importância desses olhares, apesar dos pesares.

De alguma maneira, nossa presença no chão das ruas dá visibilidade a esses meninos. Ao nosso lado, eles são vistos desenhando, jogando damas ou soltando bolinhas de sabão... E, nesses momentos, os olhares de estranhamento parecem quase lembrar que, por trás dos saquinhos de cola sempre na mão, essa infância insiste em aparecer.

ET CAMILA

"Muitas vezes em que estávamos com as crianças, éramos interpelados por policiais que nos questionavam: como podíamos conversar com crianças que usam drogas e por que não tirávamos essas drogas à força das crianças. Para eles, isso significava necessariamente que compactuávamos com o tráfico, com a ilegalidade, e, portanto, a ameaça dos policiais consistia em nos levar junto com os meninos para a delegacia, já que, segundo eles, estavam nus, todos praticando atos criminosos."
(MARTINS, 2016)

OH, COITADINHO DESSE BEBÊ!

VOLTA PRA CASA, MOLEQU[E]

ESSES PAIS DE HOJE EM DIA VIVEM

ESSE DAÍ É SEM-VERGONHA MESM[O]

FICA SEMPRE AÍ DORMIND[O]

SE EU TIVESSE DINHEIRO, COMPRAVA

DAVA TUDO PRA ELE FUMAR

MALTRATANDO SEUS FILHOS!

ATÉ TARDE!

UM QUILO DE CRACK

E MORRER LOGO!

*Frases colhidas em entrevistas realizadas pelo ET Lucas

COMERCIANTES DA REGIÃO DA CRACOLÂNDIA, VASTO "CAMPO DE REFUGIADOS", VEEM OS MENINOS E MENINAS EM SITUAÇÃO DE RUA COMO...

"Descaso do poder público, uma fazenda ou um sítio a cerca de 2 quilômetros de São Paulo, com atividades como escola, saúde, esporte, lazer, pode resolver..."

"Se nada for feito dentro de três anos, o comércio nesta região vai acabar..."

"Sou obrigado a bater palma para doido dançar..."

"Penso que é difícil sair da rua, mas a vida em casa deve ser pior..."

"Quando vi uma menina chamando um homem pra fazer programa, senti muito, porque a gente cria os filhos com tanto carinho..."

"É difícil tirar os meninos da rua, tem coisas que não podemos falar..."

"A polícia não resolve nada aqui..."

"Grávidas dão à luz, a criança some, ninguém sabe para onde..."

"Não é batendo, espancando, e sim conversando, que a gente resolve..."

"É preciso falar de Deus para as pessoas..."

"É constrangedor para nós, donos, e para os clientes. Quando os meninos vêm pedir comida, damos porque, senão dermos, eles arranjam confusão, xingam, jogam pedras..."

"É problema do Estado; entrou aqui, eu coloco pra correr..."

"Não tem projeto aqui pra atender a essas crianças, eles não atrapalham, mas quem é acostumado na rua não quer largar... Pau que nasce torto..."

"Esses moleques trocam a noite pelo dia, às vezes se juntam para jogar bola, às vezes para usar drogas..."

"Quando uma criança quer ir para um abrigo, é muita burocracia; se fosse mais integrada à rede..."

"A igreja evangélica distribui roupas, comida..."

"Eles escolhem essa vida. Não vejo solução. Não há projeto pra atender na região. O medo me faz calar. Eu não faria nada pra ajudar..."

"Ninguém faz nada pra acabar com esse problema..."

"Acredito numa retirada compulsória dessa molecada da rua. Esperar por livre e espontânea vontade não funciona..."

*Frases colhidas em entrevistas realizadas por Isabel, assistente social.

Mátria quer dizer...

> Ouvi um dia essa palavra nova do escritor e poeta argentino Ernesto Sábato, ao evocar a imagem do imigrante que deixa sua casa, entra num navio e da popa vê a costa da sua pátria se distanciando... Aquele lugar do qual partimos e com o qual rompemos o elo é tão forte e poderoso em nossa identidade que não deveria se chamar pátria, mas sim mátria.
>
> Entendi que o conceito tem tudo a ver com a referência àquilo que a gente encontra de dor (e de possibilidade também) nesses jovens "quixotinhos" urbanos que interrompem ou rompem com as suas mátrias e vão para algum lugar.
>
> (AURO LESCHER)

"Muitas vezes, só temos a dimensão das histórias que o menino nos traz quando conhecemos sua casa, sua família, sua vizinhança e seu bairro. Muitos moram longe, muito, muito, muito longe! E por que se deslocam até o centro? Viajar de duas ou três horas para vir pro centro e ficar na rua? Pergunta para a qual muitas vezes temos respostas quando conhecemos sua casa.

No caminho, me pego pensando em coisas que tenho que observar: se tem saneamento básico, se é numa área de risco, se o tráfico é muito presente, se existe afeto na família, se tem comida, água, se tem um colchão para ele dormir. E como a família é em seu funcionamento diário.

Mas e aí? Quando você chega no bairro, percebe que o menino mora num antigo aterro sanitário e que, para chegar até a casa do menino, tem que atravessar uma ponte de madeira que atravessa um córrego, subir um morro de lama e assim chegar ao barraco de madeira, de chão de terra batida, onde, quando chove, passam rios de água no meio da sala. Que não tem chuveiro, que não tem privada – aí você lembra que o menino te chamou para acompanhá-lo ao banheiro da República, pois gostava do banheiro de lá, já que em sua casa não tinha privada. Percebe que a casa sempre está bagunçada, sempre cheia de crianças, sempre em reforma, sempre sem comida, que a mãe não tem forças para lutar, que se conforma com a vida que tem e que não vê nem busca alternativas para melhorar. Vemos um pai que está construindo mais um cômodo na casa, pois está muito apertado; ele é pedreiro, mas não consegue um emprego fixo, pois tem problemas com drogas. Percebemos que a família inteira mora no mesmo lugar e que crianças de pé no chão, sujas e mal agasalhadas são uma coisa comum; crianças que passam o dia inteiro brincando numa área de risco, expostas a todo tipo de vulnerabilidade social, física e psicológica.

Mas também percebemos que, mesmo com todas essas dificuldades, existe afeto nessa família, que, mesmo sob condições precárias, existem beijos, abraços, carinho e afeto entre mãe, pai e filhos.

ET CLÁUDIA

"São crianças desencantadas que chegam às ruas desencantadas por não ter sido acolhidas e respeitadas em suas necessidades fundamentais constitutivas".

(Guimarães, 2007)

ETs?

" Somos ETs? Ou essas crianças é que são? É difícil olhar pra elas no estado em que aparecem, não dá pra acreditar que são crianças. Que seres serão elas?

Mas elas se revelam; se revelaram pra mim. Quando sentamos e brincamos, um minuto que seja, fica claro que são crianças, sim! Tão crianças ou mais crianças do que qualquer criança que já vi na vida. Capazes de pirar em bolas de sabão, de se ver no boneco de massinha, de conseguir parar quietinhas e entrar nas histórias que o tio lê. Essa revelação é ainda mais doída, porque elas não são seres de outro planeta, não.
Às vezes, é difícil ver embaixo da sujeira preta do rosto os olhos que brilham entre as bolas de sabão, mas, quando vemos, é uma alegria só.

ET ANA CLARA

Moinho Bixiga   Moinho Luz   Moinho República

" As crianças e os adolescentes não se fixavam numa determinada região; tinham algumas regiões como referência. Por exemplo, os que faziam uso de drogas inalantes (tíner, cola de sapateiro, lança-perfume) ficavam uma parte do tempo na região do Vale do Anhangabaú; os que faziam uso de crack ficavam na região da Luz; os "corres" geralmente aconteciam na República.

Mas, embora tendo a referência desses "points", não se fixavam numa determinada região por vários motivos: ações da polícia, um restaurante novo doando comida, oficinas de rua e eventos dos mais diversos. Transitavam por todas as regiões como verdadeiros "quixotinhos urbanos", buscando conquistas, novos moinhos, novas Dulcineias, novos sonhos, sempre visando outras possibilidades, visibilidade, e a transformação de sua história, povoada de duras vivências de abandono, negligência, faltas, e da falta básica de afeto, dignidade e respeito.

Entendemos que não tinha sentido ser rigorosos quanto às regiões, dada a dinâmica das situações encontradas e do vínculo formado nos encontros (possibilidade de ajuda para transformar essas histórias).

Chegamos à conclusão de que "O TERRITÓRIO É O MENINO", não importa a região, o clima, o tempo, e estaríamos sempre procurando estar por perto de onde eles estivessem".

CECÍLIA MOTTA

A adolescente muda de nome da mesma forma que muda de território

" Ela é Ana da Vila Alpina, porque foi lá que ela nasceu e viveu sua infância e tem esse bairro como referência; Ana da Sé é quando ela foge e vai morar nas ruas e logo conhece o abrigo do Quixote. Nessa época, cria um nome de rua, Yasmin. Logo ela volta a se assumir como Ana. Agora é Ana do Vale do Anhangabaú, vive lá, e nessa época eu já a conheço. Após aproximadamente três meses e meio, passa a transitar na Rua 7 de Abril. Depois de uns seis meses, se encaminha para a Praça Dom José Gaspar, fica três semanas na Fundação Casa e depois dois meses na 9 de Julho, nem um mês na Paulista e vai para Santo André, outro município de São Paulo. E sempre será Ana da Vila Alpina. Vejo tais mudanças de forma frágil, pois dizem de um território ao mesmo tempo em que dizem de um não território, dizem de um lugar ao mesmo tempo em que dizem de um não lugar. São esses também os seus nomes de refúgio. Neles, sempre carrega o seu primeiro nome e nunca esquece sua origem.

Em meu trabalho, a acompanhei em seus vários territórios. No Quixote, a gente diz que o território é o menino, seguimos com ele para onde for. "A casa é o corpo", Lygia Clark...

ET MARINA

E o menino é o território

" A **circulação** é uma característica do fenômeno "crianças e adolescentes em situação de rua" relacionada ao desenraizamento que vivem e a uma estratégia de sobrevivência. Por não pertencer ao espaço e buscar em diferentes lugares as suas necessidades, acabam circulando e se relacionando com muitos atores como comerciantes, pais de rua, traficantes, trauseuntes, agentes do Estado, instituições que fazem parte do **circuito de sociabilidade da rua**.

> "Num contexto em que estamos o tempo inteiro circulando, encontrando, perdendo de vista, reencontrando depois em outros contextos, percebemos que a experiência de **continuidade** precisa ser favorecida através da constância das atitudes dos educadores, que, nos mais variados espaços por onde circulam, buscam manter-se estáveis em seu estado de disponibilidade para ofertar às crianças uma presença." **(RAMOS, 2011)**

O território de permanência de crianças e adolescentes na rua é instável. As fronteiras do até onde ir em busca de proteção, alimento, abrigo são circunstanciais e efêmeras. Cada território tem características próprias, com mais visibilidade ou não, uso de drogas diferentes, policiamento, rede de atenção. As crianças circulam por esses pontos, e esse percurso traça rotas de encontros e desencontros.

 No começo do trabalho, essa era, mais ou menos, a forma como a maioria dos colegas de equipe e eu compreendíamos os territórios em que passávamos grande parte do nosso tempo de trabalho. **Para nós, naquele precoce momento do trabalho, tratava-se de espaços de sociabilidade mais ou menos fixos, pelos quais as crianças circulavam, submetendo-se às diferentes regras de cada contexto e de cada momento de estada neles.**

No entanto, com o passar do tempo, acompanhamos as mudanças gradativas de tais configurações, na maioria das vezes diretamente associadas às mais diversas intervenções públicas, como reformas, aumento de policiamento, período de eleição etc."

> "Num determinado momento, a colocação de câmeras nas imediações do Viaduto do Chá pela Segurança Pública acabou por fazer migrarem as crianças e jovens que permaneciam no Vale do Anhangabaú para espaços de menos exposição e controle, como o viaduto da Avenida 23 de Maio e a Praça do Redondo. E o subsequente início de reformas na Praça da República dispersou a população para a região da Praça Roosevelt e as imediações do Viaduto 9 de Julho.
>
> Nessas migrações, passamos a encontrar garotos que havíamos conhecido em regiões distintas, convivendo por algum período, quando ficamos sem notícias, e de outros com os quais alguns dos primeiros se relacionavam anteriormente." **(RAMOS, 2011)**

Com essa habitação nômade na cidade, o território geográfico em que se encontram é definido por uma medida que ultrapassa os mapas e os perímetros. Por isso, para nós, o território é o menino, seu percurso pela cidade, suas referências pessoais, sua infância. Esse é o campo de aproximação e abordagem.

Mais do que uma área de abrangência predefinida em planos de trabalho, nosso foco é acompanhar essa circulação, fazer parte dela, ser mais um ponto na rede que é tecida por esses deslocamentos de crianças e adolescentes pela cidade. Os acompanhamentos, o andar junto e as intervenções podem ajudar a interromper essas circulações viciadas e ampliar ou deslocar as vivências para outros pontos da cidade, por meio de convites para passeios ou busca de serviços.

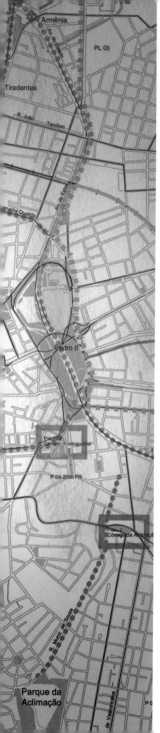

"E, com as constantes e polêmicas intervenções públicas na região da Luz, também fomos acompanhando uma pulverização da Cracolândia para vários outros espaços do centro. A Praça da República, por exemplo, no auge de uma das operações, foi palco de uma grande concentração de pessoas que usavam crack; no entanto, a comoção pública logo tratou de empurrá-las para espaços de menor visibilidade."

"[...] todas essas experiências assinalam a possibilidade de aproveitarmos as diversas oportunidades de trânsito com as crianças pela cidade como interessantes estratégias para estender sua circulação, favorecendo outras formas de pertencimento."

(RAMOS, 2011)

" Na construção da nossa metodologia, dividimos as abordagens pelas regiões e os educadores em duplas eram responsáveis pelas abordagens e pela redação de um relatório mensal descrevendo o panorama daquelas regiões com o objetivo de contribuir com as políticas públicas na reflexão sobre ações específicas para cada região."

(CECÍLIA MOTTA)

A RECEITA DE DOUGLAS PARA A MAIORIDADE

MASSA

- 5 cabeças de ET
- 2 porções de técnica
- ½ litro de mãe fanática religiosa
- ½ litro de pai esquizofrênico
- 2 passagens pela Fundação Casa
- 6 meses no Creca Bixiga
- ½ xícara de Caps
- ½ xícara de Caps adulto

RECHEIO

- 1 pitada de desconfiança
- 1 xícara de ingenuidade
- 1 colher de desejo
- 1 medida de fantasia

MODO DE PREPARO

Misture os ingredientes do recheio com a chegada da maioridade. Separe.

Acrescente os ingredientes da massa de modo descontínuo e polvilhe com a falta de recursos da rede. Despeje a massa na fôrma Abrigo Joselito. Acrescente o recheio e cubra com uma camada de espera angustiante. Deixe dourar e sirva quente.

ET INGRITH

CAMA

73

COMIDA

Na próxima esquina, M. disse estar com fome e pediu uma melancia na banca de frutas. O vendedor logo deu três pedaços, e M. ofereceu um deles para nós. Fomos comendo, e eles pararam para brincar com o cachorro de uma das oficinas de carro.

ET KIKO

"Percebemos que as crianças e adolescentes vão precisando se virar mais para sobreviver, lançando mão de diferentes posturas de acordo com o que precisam no momento e com quem estão interagindo. Estratégias de pedir o que comer são diferentes das de pedir dinheiro, que também são diferentes das necessárias para pedir uma ajuda médica.

Quando possível e tendo vínculo para tanto, retornamos para as crianças suas condições físicas. Assinalando a sujeira, os machucados que precisam de cuidados, os calos nos pés rachados, uma tosse diferente ou mesmo o banho recém-tomado, ou oferecendo companhia para os cuidados necessários, temos a possibilidade de favorecer que seu corpo permaneça habitado pela presença de um outro que se importa. Cortadores de unha, balança de farmácia, band-aid podem ser usados quando se tem vínculo de forma muito significativa nesse trabalho." (RAMOS, 2011)

COMIDA E HIGIENE

Viramos a esquina e chegamos então à Padaria Caxias, onde eles ficaram rindo e gritando o nome de seu Pinto e pediram quatro pães: dois para nós e dois para eles. Acabaram ganhando três pães, dando um para nós. M. deixou algumas vezes seu pão cair no asfalto, mas rapidamente colocava-o novamente na boca. Voltando até a esquina da Duque de Caxias, pediram ao vendedor de amendoim que estava parado com o carrinho na esquina, um pouco de amendoim. O vendedor reclamou deles, mais de brincadeira e por costume, e deu um pouco de amendoim na mão preta de sujeira de cada um. Vendo isso, acabei por perguntar se eles nunca tinham diarreia por comer tudo sujo e com as mãos. S. riu e disse que não, que eram fortes.

ET KIKO

UMA IDEIA DE CASA

Sobre a delicadeza de construir uma casa e sobre dar nomes

> Tem menino que tá na rua, vai e volta toda hora pra casa. Casa-rua, rua-casa, casa-rua. A maioria é assim. Aí, os laços com a casa e tudo que nela há vão cada vez mais se esgarçando, esgarçando, até romper. Talvez só na fase adulta, ou antes até; depende de cada história. O que tem de marmanjo na rua que tenta me chamar de tia não é brincadeira. Pegaram pra si a identidade de menino de rua e é difícil construir outros lugares possíveis pra quem ocupou esse lugar por quase toda a vida. Tem tanta coisa pra desconstruir nesse mundão que não fico rígida nessa coisa de não deixar me chamarem de tia. Eu deixo, fazer o quê? Mas sempre pergunto:

"E aí Anderson, já deu tempo de gravar nosso nome, né?"

"Tia Luiza, tio Gabriel", ou mesmo só tio ou tia depois que nosso nome já está bem gravado na memória.

Na rua, é tudo muito impessoal, todo mundo vira tia ou tio, ou é o verme que passou de noite. Claro, tem as relações entre eles, os apelidos afetuosos ou maldosos. Tem a generosidade e a irmandade, mas tem também as brigas porque algum parça rateou 5 reais. É tudo complexo e contraditório, só pra dizer que, se falo que tudo é impessoal, é porque tem muita coisa pessoal e cheia de afeto. Por isso gosto de gravar o nome, perguntar se ele ou ela gosta do apelido, dizer pra escolher como quer ser chamado. Acho pequeno, mas bem importante, na real. Que bom é ser respeitado, né?

ET LUIZA

Com Janaína é assim. Que difícil sustentar a ideia de ter uma casa, casa com tijolos. E olha que conquistamos isso junto com ela.

Por fim, ela tem uma vaga na Unidade de Acolhimento, uma casa.

E o processo pra ela se apropriar disso?

Vai longe, vai e vem e vai e volta…

A casa que ela tem na cabeça é forte. Seu lugar, aquele que a acolheu há uns anos atrás, é a Cracolândia. Casa de que ela gosta e que às vezes quer DESTRUIR.

"Aqui é meu lugar", diz ela.

"

Quando pequena, quando tinha uns 8 anos – e ainda todos os dentes na boca –, Janaína chegou a um abrigo, com quem conversamos bastante já. Lá ela tinha seu quarto, não dormia em cama: fazia sua maloquinha de papelão no chão. Então, antes da Craco, tem a rua, a experiência de rua de sua mãe, de sua família, de tantas Janaínas que encontraram na rua sua grande casa e sua grande família.

Ufa! A história é forte, é histórica! Então, tenhamos mais paciência nesse longo processo de construir uma casa afetiva e efetiva para e com a Janaína. Já valeu o chá que ela me chamou pra tomar na sua casinha de madeira que fica no Sesc… De pouco em pouco, a cada pequeno enfeite que penduramos em seu quarto, vamos juntas(os) construindo, tijolo por tijolo, outros lugares de pertencimento, alguma casa que tenha parede pro teto não cair, ou uma maloca que tenha teto pra chuva não entrar. Uma casa que a proteja do frio, da fome, da violência nossa, que é humana e desumana. Uma casa que seja nosso próprio corpo. Um corpo fechado, como dizem na capoeira. E corpo fechado é a melhor casa que podemos ter."

ET LUIZA

O BANHO

Após o banho, R. olha para mim e diz:

"Hoje, vou dormir lá no Mercado Municipal, porque a calçada é lavada todo dia e eu não quero me sujar."

O VESTIR

> Uma coisa que até então eu não sabia era que as roupas são usadas até ficarem completamente sujas, quando são jogadas fora e substituídas por roupas "novas". Por não ter onde lavar e muito menos onde guardar, essa é a rotina de muita gente em situação de rua. Eram comuns os dias em que, mesmo frios, meninos e meninas tinham que lavar a roupa no banho, torcer ao máximo (usando a toalha nesse processo para absorver parte da água) e vesti-las novamente ainda úmidas. Nem sempre tínhamos roupas secas e limpas para fazer a troca. Alguns pediam sabão em pó para lavar suas roupas, esperavam secar e guardavam em mochilas, mas estas muitas vezes eram perdidas ou roubadas enquanto os adolescentes dormiam. Houve momentos de uma pessoa jogar a roupa no lixo e alguém vir e resgatar, mesmo bem suja, porque tinha o nome de uma marca famosa ou porque o tecido era mais grosso e estávamos em época de frio.
>
> Roupas masculinas eram itens raros e disputados. O termo "unissex" era largamente usado pela equipe para convencer algum rapaz de que aquela roupa não era tão feminina assim. O pior é que muitas vezes era, mas a opção era usar ou ficar sem. Roupa branca nem pensar, pois se veste de manhã e a tarde já está suja. Calçados eram a parte mais difícil, pois, diferentemente das roupas, têm pouca margem para adaptações. Eram mal vistas também "roupas de igreja", camisetas com frases ou imagens religiosas. Houve casos de meninos que, enquanto esperavam sua roupa secar, usavam roupas femininas, suscitando uma mistura de chacota e respeito entre os colegas. Sutiãs havia alguns, mas cuecas e calcinhas raramente apareciam. Lembro de uma adolescente que vinha até o portão perguntar se tinha calcinha e, como na maioria das vezes a resposta era negativa, ela dava meia-volta e passava vários e vários dias sem tomar banho.

ET ANDRÉ

O QUE SE FAZ COM UMA DOR DE DENTE

"

Diante do pedido de ir ao dentista, procuramos um lugar que suprisse essa demanda. Foi difícil, pois esse serviço é um dos mais escassos na rede pública, mas conseguimos marcar um horário no Hospital São Paulo. Fomos até a praça na sexta-feira e combinamos com ele a ida para a quarta-feira seguinte. Passamos nesse dia e, conforme o combinado, o acordamos de debaixo dos cobertores. Era um dia frio, e ele demorou um pouco para se levantar. Ele mesmo tinha escolhido não ir com a perua que tínhamos disponível da prefeitura, e fomos de metrô. Na caminhada da praça até o metrô, J. foi cumprimentando muitas pessoas e pedindo comida e cigarro a outras tantas. Ficou muito empolgado ao entrar no metrô. Isso mostrou-se realmente um marco importante nesse encontro. Pudemos notar o quanto o espaço da rua é limitante e limitado para esses meninos. Morar na rua está associado inicialmente a uma imagem de liberdade de trânsito, o que nem sempre é verdade. O mundo de J. limitava-se apenas às redondezas da praça. Poder percorrer a cidade no metrô trouxe inúmeras revelações, apesar de sentir sua diferença diante dos outros transeuntes e em alguns momentos fazer questão de marcar isso, em outros entregava-se à sensação de voltar a se perceber um menino de 13 anos que estava indo ao dentista pegando o metrô. Nesses momentos de retomada da infância, lembrava-se de sua mãe e dos momentos em que pegava o trem com ela. Essa ida ao dentista foi marcada por inúmeros trânsitos, entre eles a locomoção em si (ruas, metrô etc.) e o trânsito de J. que perambulava entre os lugares de menino de rua e de uma criança de 13 anos. Pensamos que andar pela cidade, almoçar uma feijoada no restaurante, dormir no nosso colo enquanto esperava ser atendido, provocou em J., mesmo por pouco tempo, uma experiência de retomada de dignidade e individualidade aproximando-o mais ainda de uma apropriação da sua escolha de ir morar na rua e suas consequências. Essa ida provocou preparativos em nós e nele, pois J. tomara um banho no dia anterior. Contudo, mesmo tendo tomado banho, estava dormindo na rua e com as roupas sujas. Quando estávamos no metrô, vimos saindo de sua touca de lã um pequeno bichinho parecido com um carrapato, que as pessoas que moram na rua chamam de "muquirana". Ficamos juntos matando os bichos que estavam na sua touca. Assim, ao mesmo tempo em que estávamos próximos, ainda havia acontecimentos que nos diferenciavam, e marcávamos isso apenas comentando. Isso lhe mostrava algumas das consequências de sua escolha de morar na rua. Depois, quando quis deitar no colo de um de nós enquanto aguardávamos o atendimento, esse fato veio à tona, mostrando a dificuldade de nos aproximarmos do jeito que ele queria devido à falta de cuidado em que ele se deixava ficar. Ficou então mostrando sua caspa, como uma forma de explicitar a falta de cuidado, como um pedido. Já tínhamos combinado com ele que almoçaríamos ali perto do hospital, antes da consulta, que era ao meio-dia. Porém, nas quatro quadras que andamos até lá J., ia parando em cada barraquinha de comida na rua para pedir pipoca, batata frita, cachorro-quente, além de pedir cigarros às pessoas. Acabou ganhando um cachorro-quente, que comeu inteiro. Comentamos que assim ele não teria fome para almoçar.

ET BRUNO RAMOS

E COM UM MENINO DOENTE?

> " Depois do almoço, voltamos ao Moinho, e J. está ali. Mal. Parece com febre e diz que está com bastante dor no peito e que tossiu a noite toda. Está com fome e cansado. Tento me aproximar, dizendo que ele está precisando se cuidar melhor, e ele começa a chorar. Reclama do chinelo, que os policiais que o acordaram na calçada tiraram dele. Digo que isso é uma parte, mas tem muito mais a cuidar. E falamos um pouco sobre ir ao médico e sobre sua má condição de melhorar estando na rua. Mas diz que não quer ir dormir em abrigo e tem medo de tomar injeção. Pouco depois, não responde mais. Dormiu. – Resolvi pintar um médico e uma cama para ele descansar.

ET MARIANA STUCCHI

"A sobrevivência nas ruas pede um estado de vivacidade, alerta e agilidade que ficam bastante fragilizados quando as crianças ficam doentes ou com uma dor forte. O encontro pede urgência e seus medos ficam mais expostos: medo de injeção no hospital, da internação, de dormir sozinhos, do fantasma." (RAMOS, 2011)

FUNCIONÁRIO DE RUA, OU O TRABALHO INFANTIL

Anderson me disse:

"Ontem trabalhei, tia."

"Jura? De novo no estacionamento ou foi em outro lugar?"

"Não, fui funcionário de rua."

"E como é ser funcionário de rua?"

"Ah, é você ajudar alguém o dia todo ou a noite toda. Eu fui funcionário de rua do Gui. Ele tava com dor de garganta, então, levei no AMA, dei comida, cobertor, cuidei dele."

"Ah, que massa! Quando a gente tá doente, não tem coisa melhor do que ser cuidado, né? Quando você fica doente, quem é seu funcionário de rua?"

"Eu? Eu mesmo. Eu é que me viro sozinho."

São mil serviços (des)articulados pra formar uma rede de cuidado composta não só pelos serviços, mas pelas pessoas que passam e se compadecem, as que xingam e humilham, os comerciantes que se articulam com a polícia pra tirá-los de lá e os que se articulam pra fazer as marmitas nos horários de almoço, os amigos da rua, da quebrada e da memória, os tios e tias com quem se vinculam e desvinculam na própria fragmentação das instituições. O que fica é a solidão e o desejo de construir uma relação em que Anderson não seja só o cuidador.

ET LUIZA

CONSTITUIÇÃO DA REPÚBLICA FEDERATIVA DO BRASIL DE 1988, ART. 227:

"É dever família, da sociedade e do Estado assegurar à criança e ao adolescente, com absoluta prioridade, o direito à vida, à saúde, a alimentação, à educação, ao lazer, à profissionalização, à cultura, à dignidade, ao respeito, à liberdade, e à convivência familiar e comunitária, além de colocá-los a salvo de toda forma de negligência, discriminação, exploração, violência, crueldade e opressão";

O QUE OS AGENTES QUE HOJE ESTÃO NAS RUAS TÊM PENSADO?

COMO TÊM TRABALHADO?

A PARTIR DE QUAL DIRETRIZES?

COMO ESSE TRABALHO SE ARTICULA COM A POLÍTICA PÚBLICA DE PROTEÇÃO E GARANTIA DE DIREITOS

DE CRIANÇAS E ADOLESCENTES?

REMATRIAMENTO

Por ser um processo de profundas rupturas com a família, com a comunidade de origem, com os estatutos de garantia de direitos e proteção da criança e do adolescente, entendemos que crianças e adolescentes que fazem da rua um espaço privilegiado de sobrevivência, moradia e relações estão na condição de estrangeiros e estranhos em sua própria pátria – são refugiados urbanos.

O complexo processo de saída das ruas foi nomeado "rematriamento", tecnologia social desenvolvida pelo Projeto Quixote para atender a essas crianças e adolescentes, que significa o retorno a sua mátria, a possibilidade de rever e de integrar de alguma forma emocionalmente suas referências na comunidade de origem, se apropriar da própria história, que é oriunda de um lugar, de uma família que sobreviveu ou não às tempestades desestruturantes dos conflitos psíquicos e sociais de seu meio.

Às vezes, esse rematriciar-se é concreto, é voltar pra sua comunidade de origem; outras, é mais simbólico, construindo novas perspectivas de futuro – rematriar-se com a vida.

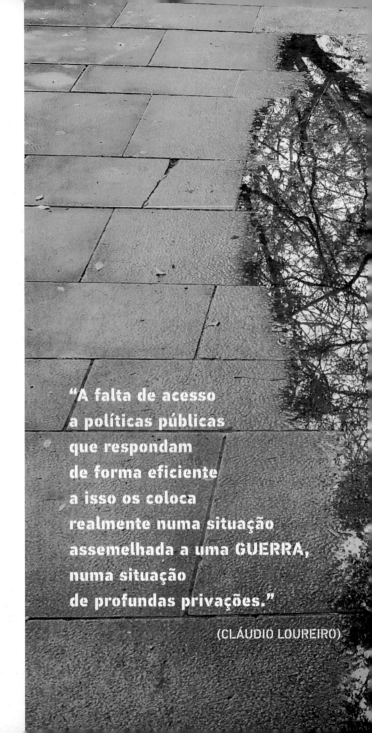

"A falta de acesso a políticas públicas que respondam de forma eficiente a isso os coloca realmente numa situação assemelhada a uma GUERRA, numa situação de profundas privações."

(CLÁUDIO LOUREIRO)

A METODOLOGIA

Cada criança e adolescente em situação de rua passa por um processo longo de revinculação, até poder retornar à sua família e/ ou comunidade. Esse processo é singular e respeita sua história, seus recursos psíquicos e emocionais, a história de sua família e de sua comunidade. O tempo do processo é muito variável, mas podemos identificar três fases, apresentadas aqui separadamente, mas que, no dia a dia de trabalho, se interpõem.

FASE 1 — Abordagem na rua: HOSPITALIDADE INCONDICIONAL

As crianças e adolescentes estão no circuito de sociabilidade da rua, com suas rotinas e relações, e o educador precisa se aproximar, chegar até eles respeitando esse momento doloroso de sua vida com a tarefa de construir um vínculo de confiança e o desejo de ser cuidado. Os desafios são enormes, pois na rua vivem no imediatismo, num mundo atemporal (não há passado, presente ou futuro). As abordagens iniciais exigem delicadeza e técnica.

Um dos conceitos que inspiram a prática é o de **HOSPITALIDADE**, discutido por Jacques Derrida. A hospitalidade dos primeiros contatos é incondicional, ou seja, é uma radicalização da presença pautada na troca de olhares, na escuta radical do outro. Significa estar disponível para um encontro marcado pela estranheza, pela tensão e também pela curiosidade. Nesse momento, não cabem doutrinações, convencimentos ou sensibilizações para qualquer movimento outro (Derrida, 2003). Devem-se sentir os cheiros, ouvir as histórias, se interessar pelos costumes e suas gírias; enfim, suportar as provocações e a força abissal que nos assola, vinda da tristeza e da impotência, quando comparamos a criança que fomos com a criança que nos fala. O vínculo que se vai formando nos encontros é uma legitimação da ajuda. Todo mundo tem fome de dignidade. Então, aos poucos, vai aparecendo o desejo de ter acesso a saúde, a educação, a cultura. Essa hospitalidade, na verdade, é mútua; em determinado momento, essas crianças e adolescentes abrem um espaço para nós, que de alguma maneira estamos chegando ao seu território, ao seu lugar. A primeira missão terapêutica é identificar um rosto antes de um sintoma ou um estereótipo, ver a criança onde existe a criança, o adolescente onde existe o adolescente.

Isso só é possível pela constância da presença do educador, que vai abrindo espaços para esses jovens quererem se aproximar e dizer seu nome, contar sua história. Para estar com eles na rua, a intervenção deve ser oblíqua – não há enfrentamento nem embate –, atingir seu alvo sem abordá-lo diretamente. A oferta é do novo, daquilo que surpreende pelo belo, pela companhia, pela escuta: o olhar e a rotina de presença da equipe de abordagem na rua.

AS PAREDES SOMOS NÓ

(No circuito fugaz da rua, os educadores são como paredes que cercam, acolhem, marcam um momento de proteção.)

Os ETs (educadores terapêuticos) trabalham em dupla, para desempenhar com mais facilidade sua missão num ambiente pesado como a rua e garantir apoio e reflexão nas situações cotidianas. Para facilitar a vinculação com as crianças e os adolescentes, é importante que as duplas sejam formadas por um homem e uma mulher, identificados com uma camiseta do Projeto Quixote e com uma mochila, a **MOCHILA LÚDICA**, com material gráfico e jogos facilitadores das interações nas ruas. Cada dupla percorre sistemática e constantemente uma área definida da cidade, para que os encontros possam acontecer e os ETs possam conhecer melhor a região e também fazer parte do circuito de sociabilidade das crianças.

A presença contínua é um aspecto fundamental do trabalho. Os educadores podem acompanhar e mediar as inserções da criança e do adolescente nos oferecimentos da rede de proteção como acompanhar questões de saúde, acolhimentos e mesmo as ofertas lúdicas e culturais.

Num contexto de muita instabilidade como é a rua, onde os espaços se configuram mais como passagens do que como permanências, favorecer experiências de continuidade não é fácil, exige muita criatividade dos educadores. Mas é muito importante tornar-se um ponto de referência para as crianças no vertiginoso vai e vem das ruas. Mesmo encontrá-las nos diferentes espaços por onde elas circulam se revela um importante recurso para construir uma relação de confiança.

> **"Os profissionais inseridos no cotidiano das ruas podiam oferecer-se como uma companhia viva, capaz de facilitar campos de inserção e pertencimento que fizessem a articulação com a rede."**
>
> (RAMOS, 2011)

Além da abordagem nas ruas, o trabalho também envolve diferentes acompanhamentos, conforme a construção para o retorno à mátria, seja ela a família ou alternativas como abrigos, quando não é possível voltar para casa.

FASE 2
Vínculo com a instituição: CONSULADO

Além do espaço rua como lugar de intervenção, é necessário um outro espaço concreto, uma sede, um endereço de referência para receber crianças e adolescentes e acolher o trabalho da equipe, guardar o material e os prontuários com o registro dos percursos do atendimento, realizar atividades, discussões e contatos com a rede de proteção da cidade.

Quando a criança e o adolescente sentem confiança e buscam algum tipo de apoio, eles podem se dirigir a esse espaço institucional espontaneamente ou encaminhados e podem participar de possíveis atividades. O espaço oferece basicamente convívio entre eles e a equipe. Eles podem passar o dia, receber lanche e até tomar banho de uma forma bastante afetiva, muitas vezes mediados por atividades lúdicas ou oficinas.

O fundamental é que o consulado marque uma diferença com a rua e que nessa convivência haja dignidade e humanidade, para que eles possam experimentar relações menos violentas e mais dignas.

No espaço, a hospitalidade implica algumas condicionalidades, diferentemente dos encontros em meio aberto, na rua. Já existem algumas regras, que podem ser cumpridas por quem está habituado ao espaço da rua, mas que já buscam ressignificar a rua e a relação com o tempo, facilitando a orientação quanto ao lugar a que pertencem, o que lhes permite fazer pequenos planos ou planos específicos sobre seu futuro (Lam, 2004). O consulado é um espaço para alguns pactos: para se diferenciar do estar na rua, embora ainda nessa condição, e nesse espaço, por exemplo, não se usam drogas, não pode haver violência. Ou seja, **O CONSULADO É O TERRITÓRIO DE PROTEÇÃO EM MEIO AO CAMPO DE REFUGIADOS**. Um "pique" para que aqueles meninos e meninas, quando entram lá, possam vislumbrar uma rede de proteção possível, que, sozinhos na rua, não conseguiriam acessar. Isso significa que nesse espaço de convivência é possível potencializar a escuta no encontro das demandas por mais dignidade, como pedir para dormir num abrigo. Toda articulação com a rede de proteção social da cidade é organizada a partir desses pedidos. E aí também enfrentam-se todos os desafios das carências da rede e das políticas públicas – e também da compreensão e formação dos atores.

Mesmo havendo conselheiros tutelares e outros serviços da rede de proteção instalados nessas comunidades, esbarramos em dificuldades como a escassa oferta de recursos ou o despreparo técnico para situações que exigem manejos específicos e disponibilidade. Isso acaba gerando, muitas vezes, intervenções punitivas ou sem embasamento técnico, como apostar que uma internação psiquiátrica pode resolver tudo.

A **ARTICULAÇÃO DA REDE DE PROTEÇÃO** implica também a possibilidade de comunicação entre a criança e o adolescente que está na rua e sua família e vice-versa. É comum sermos procurados por mães que querem notícias do filho ou que ligam para saber o que devem fazer com o filho que inesperadamente acaba de chegar em casa para uma visita.

FASE 3 — REMATRIAMENTO PROPRIAMENTE DITO

Neste momento, que não é linear, o que está em pauta é a saída da rua: a criança ou o adolescente estão em **trajetória de retorno para sua família ou comunidade**. O trabalho com a rede da comunidade local é bastante intenso e singular. Geralmente, as comunidades de origem são distantes do centro e ficam em diversas regiões da cidade, muitas até em outro município. Muitos contatos, por telefone e presenciais, são necessários com a família, a escola, a rede sociassistencial de Cras e Creas, a rede de saúde e outros recursos comunitários que possam colaborar nesse processo. Nessa fase, o atendimento à família é frequente, para possibilitar o acolhimento de retorno e o trabalho sobre os motivos que tornaram a rua um espaço de refúgio. Muitas vezes, são importantes ações com a família que melhorem as condições de vida, como inserção em programas sociais de benefícios governamentais, cursos profissionalizantes, geração de renda por microcrédito, pequenas melhorias na moradia, às vezes encaminhamentos de saúde para os adultos etc.

Além da família, muitas vezes é preciso apoiar também a **escola** e os professores, que ficam paralisados diante de tantas demandas dos alunos e familiares e não conseguem colaborar como poderiam. A **rede**, formada então por diversos atores, deve trabalhar para construir um circuito de sociabilidade de qualidade, alternativo à rua, que ofereça possibilidades de expressão da subjetividade, proteção e criação de vínculos afetivos e facilite o acesso aos recursos sociais para gerar, com essa experiência, o sentimento de pertencer, participar, ser pertinente e protagonista de pequenos projetos, até da vida; pensar sobre as escolhas, ampliar os repertórios culturais.

"Há uma característica do rematriar-se que tem a ver com uma coisa mais política, que é como a gente consegue, junto com outros parceiros, transformar a realidade política da sociedade hoje, no que diz respeito à criança e ao adolescente. Então, esse também é um rematriar. Você dá um lugar. É dar um lugar de importância a esses jovens que estão colocados ali, meio esquecidos pelas políticas públicas.

"O rematriamento começa com o rematriar dentro de si, rematriar-se com sua humanidade, seja sua humanidade de criança, de adolescente. Rematriar-se com seus afetos. Acho que o grande trabalho num primeiro momento é isto: é eu passar a ter um rosto pra ele e ele passar a ter um rosto pra mim, porque esses meninos não têm um rosto para a sociedade. Há um outro aspecto do rematriamento que é sua história. Qual é a sua história? Vamos amarrar sua história. Então, a gente vai acompanhando as idas e vindas desses meninos e tenta costurar essas experiências. Isso dá a eles um norte subjetivo, dá a constância de uma presença, independentemente de se eles vão conseguir ficar no abrigo ou não.

[...] A gente tá aqui pra te ouvir, a gente tá aqui pra tentar pensar outro CAMINHO."

(CLÁUDIO LOUREIRO)

O diário e a "mátria"

O diário de bordo foi um companheiro fiel de todos os dias no processo de rematriamento. Através dele, foi possível sublimar e/ou elaborar as vivências intensas e desafiadoras inerentes à lida a que éramos convocados nesse campo.

A "mátria" (adjetivo feminino, singular, de "mátrio" de acordo com o dicionário Infopédia) era o nosso alvo. Conhecê-la era sempre um momento muito esperado. A curiosidade para entender o que se passara naquele contexto que culminara no "rompimento" do vínculo daquela criança e/ou daquele adolescente e o desafio de promover o reencontro e a reaproximação com a sua mátria eram um momento permeado também de muita excitação, medo, incerteza e, acima de tudo, de esperança.

A mátria era sempre uma grande surpresa. Nossa chegada despertava curiosidade nos moradores da comunidade e na vizinhança. Ao adentrar a residência, nem sempre o nosso rematriando era o maior problema e/ou a

questão principal para aquela família. Éramos atravessados por dinâmicas familiares diversas e, claro, havia aquelas cunhadas por violências, que demonstravam empobrecimento afetivo desencantado pela própria existência. Além disso, as histórias que contavam eram marcadas por processos migratórios sem planejamento, não elaborados, em que as pessoas pareciam estar "fixadas" em outro tempo e lugar, não conseguindo "dar lugar" para aqueles que deixaram temporária ou "definitivamente" sua mátria para ganhar as ruas.

Em meio aos maus cheiros exalados pelos esgotos a céu aberto em dias quentes, aos cheiros de umidade e mofos pela falta de ventilação nos cômodos minúsculos, uma xícara de café coado na hora, acompanhada até de um pedaço de bolo, era muitas vezes oferecida pelo(a) dono(a) da casa. Havia ocasiões em que levávamos alguns quitutes e ali, por falta de assentos, comíamos em pé, e esse era o momento crucial e/ou talvez o único com determinadas famílias, quando tecíamos o diálogo, promovíamos a conversação, atentos a cada delalhe que pudesse favorecer o rematriamento.

ISABEL (ASSISTENTE SOCIAL)

ET,
O EDUCADOR TERAPÊUTICO

ET é, a princípio, sigla de Educador Terapêutico, nome que se dá ao profissional de atendimento psicossocial. No Projeto Quixote, ET é mais do que isso. É também a sigla de Educador Tridimensional, aquele que se ocupa das três dimensões possíveis de um acolhimento: clínica, pedagógica e social.

Equipe

O trabalho com essas crianças e adolescentes exige investimento, formação e cuidados. É complexo, tem interfaces com diversos setores sociais, sofre interferências das políticas públicas e da mídia e é sobretudo um **trabalho radioativo**, pois coloca em questão as impotências e violências vividas no cotidiano.

A principal ferramenta do trabalho são os encontros significativos, que favorecem o surgimento do que é próprio de cada criança ou adolescente, de sua história, de suas necessidades a cada momento, no tempo de cada um.

O mais difícil é a convivência com o trágico, seja nos momentos em que a equipe sente a impossibilidade de transformar a vida do outro mais instantaneamente – por exemplo, quando passamos o dia tentando articular uma vaga num abrigo e não conseguimos –, seja quando constatamos a impossibilidade de o jovem voltar para casa, seja ainda quando a equipe é confrontada com a violência das próprias crianças ou da cidade.

O FAZER

MANTRA INSTITUCIONAL:
não responder ansiosamente a demandas ansiosas.

> Quando comecei o trabalho no Quixote, havia uma frase que eu ouvia quase diariamente daqueles que já trabalhavam com crianças e adolescentes em situação de risco há tempos, nos momentos de supervisão e capacitação, quase como um mantra institucional: não atender ansiosamente a demandas ansiosas. Era uma frase que procurava nos alertar sobre um cuidado de nossa parte para não sermos capturados pela atmosfera de urgência que a rua impõe, onde impera o imediatismo, o aqui-agora, com sucessivas demandas que normalmente se descaracterizam pouco tempo depois... Difícil segurar a vontade de interferir urgentemente na violenta situação de testemunhar crianças abandonadas à própria sorte pelas ruas, à mercê de todas as formas de violência... Mas, se ficarmos detidos nesses sentimentos primeiros, corremos o risco de ter atitudes assistencialistas (doando bens imediatos) ou de incorrer em posturas mais educativo-doutrinárias – em ambas, oferecendo aquilo que acreditamos faltar ao outro.

ET FERNANDA RAMOS

Algumas vezes, o contato pode ser muito difícil nesse processo. As crianças e os adolescentes já viveram situações muito violentas na vida e reproduzem essa forma de se relacionar: podem brigar entre si, quebrar coisas, atacar a equipe. E esse contato com a violência é sempre muito difícil: eles viveram rupturas importantes, desconfiam e temem novos vínculos, ao mesmo tempo em que parecem sempre desafiar novas rupturas.

Além das circunstâncias inóspitas da rua e da singularidade de cada criança e adolescente, o trabalho depende da disponibilidade dos educadores de ouvir as difíceis histórias de vida. Essa abertura para o outro precisa ser apoiada pela instituição, que deve ter espaços para acolher sua equipe e dar sentido a essas experiências em supervisões e reuniões sistemáticas.

"Eu tinha muita segurança de ir pra rua trabalhar, quando comecei, porque sabia que, quando voltasse, teria com quem conversar. Eu tinha essa segurança de ir pra rua pra atender qual fosse o caso, com a gravidade que tivesse, porque, quando voltava pro Projeto, tinha ali uma equipe me esperando pra me ajudar a dar conta daquela angústia, daquela sensação, às vezes, de impotência."

ET BRUNO ROCHA

Por isso a equipe deve ser formada por pessoas de diferentes áreas e ter constante suporte institucional para aprimoramento, com discussões diárias. Deve ter psicólogos, assistentes sociais, oficineiros e **EDUCADORES** com formação na área de humanas e experiência em acompanhamento **TERAPÊUTICO** para as abordagens nas ruas.

> "**ETS (EXTRATERRESTRES)** somos nós nos aproximando. ETS (EXTRATERRESTRES) somos nós aos olhos das pessoas que passam e não compreendem nosso investimento e nossa disponibilidade para crianças já desacreditadas. ETS (EXTRATERRESTRES) é a situação dessas crianças, desassistidas, perambulando pela cidade, fora do lugar próprio para o desenvolvimento da infância. Nosso trabalho, ET, tarefa efetivamente **EXTRA-TERRESTRE** nas ruas agitadas e impessoais de uma das maiores cidades do **BRASIL**."
>
> (RAMOS, 2011)

Foto: Oficina Raphael Escobar

OS PSICÓLOGOS

dão sustentação a essa equipe por meio de atendimentos individuais a crianças e adolescentes ou familiares que são trazidos ao Projeto pelos educadores, acompanham a dinâmica nas atividades com o restante da equipe, participam de algumas visitas domiciliares, participam de discussões de caso dentro da rede e também têm a função de cuidar do ambiente, que é a de ficar atento aos movimentos gerados nos grupos e na equipe que está mais envolvida nas atividades pedagógicas. Com essa postura de atenção ao ambiente, ajudam na possibilidade de intervir em alguma situação em que algum membro da equipe encontre maior dificuldade junto a esses jovens.

(LOUREIRO, 2012)

OS ASSISTENTES SOCIAIS

participam das visitas domiciliares, atendem as famílias e, junto com os educadores e jovens, costuram a rede de atendimento em sua comunidade de origem, propiciando a volta à família. Também participam das reuniões de discussão da rede.

No trabalho de ET/AT (educador terapêutico/acompanhante terapêutico) que realizamos no Projeto Quixote, vamos às ruas oferecer presença e corpo a esses pequenos-grandes corpos que procuram algo.

O TRABALHO COM VIOLÊNCIA EXTREMA PEDE paciência.

Exige paciência. Não uma paciência sem preocupação, mas uma paciência angustiada. É um trabalho angustiante por essência, pois cultivamos não precisar saber todas as respostas. Para cada situação, uma história, uma singularidade. Precisamos de tempo e espaço – as brechas – para a história poder chegar, poder se mostrar – nas sutilezas, nos detalhes, na poesia doída do tempo. Oferecer encontro, gente-pra-gente. Olhar, ouvido e corpo. Estar presente. Atento, angustiado, presente e paciente. Não querer responder com pressa. Suportar a angústia, suportar a rua, suportar a droga. Se preocupar com todas essas coisas, mas suportá-las. Pois só assim é possível descobrir, no encontro, o que ali se passa. Oferecer outras possibilidades, ampliar mundo, brincar, tempo-livre, tempo-arte, tempo-tempo. Sim, é violento criança usar droga. Que reconheçamos essa violência e que não tentemos eliminá-la de cara e de princípio. Que possamos sustentá-la. Pois, no pacote das violências, essa é só a ponta. A droga tem uma função clara de anestesiar a dor, mudar o foco, a atenção, a noção de tempo, de futuro, passado e presente. E, diante de tantas violências, que não se tente começar a mudar bem o que está na ponta do iceberg.

ET LÍVIA

Vamos às ruas em dupla, explorar o território com olhar e corpo abertos, vamos a campo nos afetar pelo movimento da rua, clima, desamparo, frio, chuva, sol, dor e histórias fragmentadas.

Buscamos história, buscamos laço, buscamos vínculo e sua sustentação. Vamos às ruas sendo nossas próprias paredes, tendo um ao outro da dupla como referência, como espelho, como experiência de estar acompanhado e mais amigado num território árido e inóspito.

SOMOS, MUITAS VEZES, O LOUCO QUE PLANTA E REGA A FLOR DO ASFALTO.

Sem muitas regras prévias, sem mecanicidade. A rua pede abertura e disponibilidade. Pede tempo e paciência. Pede generosidade e empatia. Pede corpo aberto para se afetar. Pede olhar de criança, de surpresa. Pede criatividade e transgressão. Transgredir a casca, a dureza, a violência e a anestesia. Ser ET é ser artesão. É valorizar o sutil. Brincadeiras, cinema, piquenique, museu, parque, bicicleta, jogos, bola e pipa.

EMPRESTAR DESEJOS E EXPECTATIVAS AO TEMPO QUE É DO OUTRO. SE APROXIMAR DO MUNDO DO OUTRO E, QUEM SABE, ENTRAR. VISITAR E SER VISITADO

ET LÍVIA

TÉCNICAS DO FAZER
A MOCHILA LÚDICA

Como metodologia de trabalho, usamos recursos lúdicos e gráficos que carregamos em nossa mochila lúdica, que cada educador, levando em conta sua singularidade, preenche de acordo com seu repertório. Sendo assim, o brincar, o espaço potencial e a criatividade foram de extrema importância nesse trabalho de ET, ou como nos mostra Winnicott:

"[...] a brincadeira é universal e é própria da saúde: o brincar facilita o crescimento e, portanto, a saúde; o brincar conduz aos relacionamentos grupais; o brincar pode ser uma forma de comunicação na psicoterapia; finalmente, a psicanálise foi desenvolvida como forma altamente especializada do brincar, a serviço da comunicação consigo mesmo e com os outros." (Winnicott, 1975, p. 63)

(RAMOS, 2011)

Trupe quixotesca: Raonna Martins, Gabriel Benício, Renata Oliveira, Alice Reis e Júlia Buscapé.

NARA E OS LIVROS

" Leitura compartilhada de livros infantis também compôs esse nosso primeiro momento. Ela fazia questão de lê-los em voz alta. Nara também tinha bastante liderança no grupo de crianças e adolescentes, com seu irmão José e sua mãe Joaquina. Ler em voz alta talvez fosse um reflexo dessa sua característica de líder, como também da sua grande vontade de aprender.

Pedidos de desenhos para colorir e músicas (funk e pagode) também fizeram parte do repertório.

E troca de canetas poderosas simbolizavam nosso vínculo e potencializavam nossos encontros, que também se deram em outras partes. Caneta que simboliza a escrita e por que não a escrita de uma história…?

ET MARINA

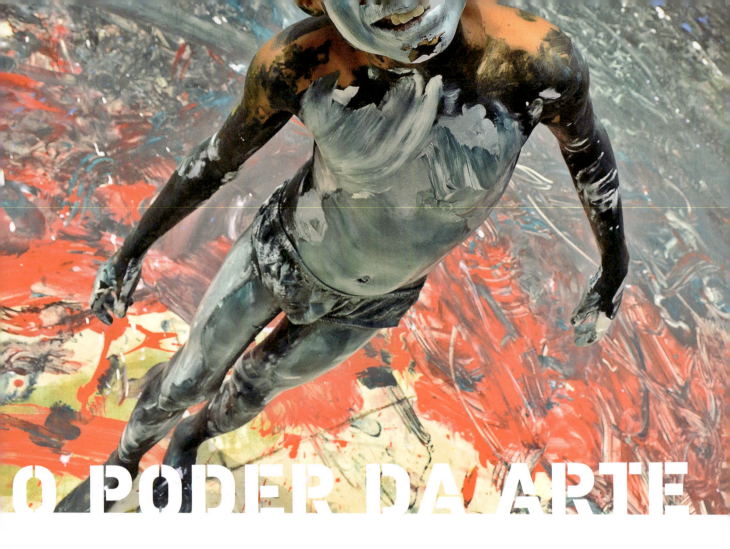

O PODER DA ARTE

Ações que levam o universo da arte a crianças e adolescentes em situação de vulnerabilidade são fundamentais para abrir a possibilidade de transcendência do tão acostumado cotidiano que a rua oferece. A arte tem uma função de rompimento com o habitual e o óbvio.

> **A forma com que cada um se abre e é tocado por aquilo que ouve/vê/sente pode ser única e imprevisível. Essa relação singular de surpresa que se estabelece no contato com qualquer tipo de arte proporciona um rompimento com o estático, cristalizado, parado. Fundamental para todos, e também para meninos e meninas em situação de rua, o contato com a arte abre o campo da fantasia, da imaginação, do tempo, do estar onde não se está. Ao sair da concretude das coisas, algo mais pode ser esperado. Algo pode ser esperado.**

A função importante dessa relação é a de estimular que cada um possa viver aquilo que se apresenta da sua forma e que a abertura para surpreender-se com as coisas é potencialmente transformadora. É certo que meninos e meninas em situação de rua já têm um lugar marcado na sociedade, pelo olhar dos outros e também pelo olhar que se coloca deles para eles mesmos. Olhar muitas vezes de exclusão, de "caso perdido", do "drogado", "ladrão", "mendigo etc. O perigo dessas marcas colocadas e sustentadas é identificar-se com elas; logo, cristalizar modos de ser.

ET MARINA

Exu Arte

Grupo de profissionais que atuam nas ruas e propõem intervenções conjuntas com arte para todos, incluindo crianças em situação de rua. Exu Arte teve origem a partir de um eixo de trabalho de um grupo mais amplo denominado Rede de Ações e Atendimento Compartilhado no Território, que reunia integrantes de diversos equipamentos que trabalhavam com pessoas em situação de rua do centro de São Paulo (Projeto Quixote, Projeto Travessia, Atenções Urbanas e UBS República).
O eixo tem como objetivo promover o encontro entre pessoas em situação de rua e a arte e, assim, encontros entre pessoas de maneira mais ampla.

BRINCADEIRAS, ENCONTROS E LACUNAS

PORQUE CRIANÇA PREFERE EMPINAR PIPA A PIPAR PEDRA

JOGO TRILHA DOS REFUGIADOS URBANOS

CARTA DE APRESENTAÇÃO

Nos agitados centros urbanos do Brasil estão presentes diversos personagens que se apropriam e recriam os espaços públicos fazendo da rua seu modo de existir. E neste cenário, não podemos deixar de notar figuras acinzentadas, descalças com roupas rasgadas e movimentos estranhos, que despertam em quem passa do medo à compaixão. São crianças e adolescentes desterrados, abandonados pela família e pela sociedade, brasileirinhos, vítimas do descaso, da violência e embrutecidos pela sobrevivência. Muitas vezes encontram somente na droga o anestésico para a dor causada por tantas rupturas em suas vidas.

Estes jovens ao habitarem as ruas, circulam tanto pelos diversos territórios próprios da comunidade da rua, quanto por serviços públicos de saúde e educação, brincam, cantam, saem em busca do almoço, uns trocados para comprar uma pipa, nadam e se divertem no chafariz da praça como crianças, mas também ficam tristes, fumam cigarros, pedras de crack em cachimbinhos, cheiram cola de sapateiro e fogem de agressões covardes. Refugiados em becos e viadutos vivem em um exílio existencial.

Este jogo foi elaborado por educadores do Projeto Quixote e crianças atendidas nas ruas durante o desenvolvimento do Projeto Tangram, iniciativa de trabalho focado na sexualidade e prevenção às DST/AIDS para esta população. Parceria entre o Projeto Quixote, Casa Taiguara, CEDECA Paulo Freire, Secretaria Municipal da Saúde - CTA Henfil, PM DST/AIDS, Saúde da Criança e do Adolescente - Secretaria Municipal da Assistência Social, CRT e o Ministério da Saúde. Caracteriza-se pela ação conjunta destas instituições governamentais e não-governamentais numa proposta de trabalho psicossocial, focado na sexualidade e prevenção as DST/AIDS, para crianças e adolescentes em situação de rua.

Artur Lauande Mucci - Educador

Jogo de tabuleiro criado por grafiteiros e educadores do Projeto Quixote em parceria com o Ministério da Saúde e ONGs da rede de São Paulo para prevenção e orientação sobre DST e Aids para crianças em situação de rua.

REGRAS DO JOGO

O objetivo deste jogo é proporcionar uma conversa entre educador e educando a respeito da realidade daqueles que sobrevivem nas ruas. Durante o jogo podem juntos traçar trilhas possíveis dentro deste cenário urbano e discutir sobre os desafios propostos pelo jogo. Não ganha só quem chegar ao fim primeiro, mas sim quem sabe aonde quer chegar, pois o ponto final não está definido. No final do jogo, os jogadores terão a tarefa de elaborar qual será o lugar de chegada e expressar esta reflexão com um desenho ou outras formas lúdicas.

Os jogadores podem ser de dois a quatro e tirarão a sorte no dado para começar a partida. O tabuleiro do jogo contém um caminho pela qual o jogador deverá passar e enfrentar situações onde terá que recuar ou avançar mais casas. Para saber quantas casas avançar os jogadores tiram a sorte lançando o dado devendo saltar o número de casas correspondentes. As casas coloridas indicam situações em que o jogador deverá realizar conforme indicação na tabela das cores, ele só segue a regra da casa quando estiver caminhando para frente. As cartas tiradas voltam para o fim do monte.

O educador que acaba de receber este material pedagógico terá que usar muita criatividade durante a brincadeira para aproximar o jogo de seu desafio educativo, ao ler as cartas pode se modificar o contexto e alguns elementos. O importante é mergulhar fundo nas vivencias dos educandos. Boa sorte a todos que utilizarão esta ferramenta divertida na luta contra a vulnerabilidade de crianças e adolescentes pelo mundo, com entusiasmo e coragem a educação cumpre seu papel.

CORES TABULEIRO:

- Casa da esperança: tire uma carta
- Casa vazia, o jogador não tira carta.
- Desafiou o educador para um jogo de dominó, Fale um número até 6 e jogue o dado, se sair o número cantado avance o dobro.
- Entrou para o tráfico: volte 6 casas.
- Fissura: fique aonde está
- Desafiou o educador para uma partida de xadrez, fale um número e jogue o dado, se acertar avance o número que saiu.
- Batida policial: espere uma jogada.
- O rapa apareceu: volte 2 casas

Escreveu uma carta para a família: avance 2 casas.	A saudade bateu forte e ligou para os pais: avance 3 casas.	Fugiu do hospital e parou o tratamento de uma DST, volte 3 casas
Pego no flagra! Advertidos por namorar no banheiro do abrigo: volte 3 casas.	Foi passar o fim de semana em casa: avance 3 casas.	Hoje não usou droga e consegue conversar com os educadores: avance 2 casas.

Arte do jogo: Ota

AVATARES

> Num dia de maio, **surgiu uma luz na LUZ**, uma ideia inusitada: transformar os avatares em adesivos e, sempre que um de nós encontrar um(a) menino(a) dormindo na rua, colar o adesivo em seu braço ou no peito, em vez de escrever bilhetinho em folha de papel e colocar em cima ou no bolso.
>
> Deu tão certo, que os meninos vieram nos visitar a partir do adesivo. Um outro menino – que não tinha o adesivo – ficou procurando no corpo todo e perguntou por que não tinha adesivo; então, explicamos que era uma espécie de recado autocolante para colar nos jovens enquanto dormiam e que não acordavam para conversar conosco. Mas prometemos que um dia ele também encontraria um em si!
>
> Em outra ocasião, quando a ET Ana Clara e eu fomos para a Luz, fizemos outra intervenção, a fim de demarcar território e atrair a curiosidade das crianças com quem ainda não tínhamos contato, provocando no sentido do diálogo as que já conhecíamos. Resolvi grudar os adesivos em cada esquina no poste de placa de rua, amarrando três bexigas num cordão.
>
> A reação das crianças foi bem interessante: algumas pegavam as bexigas, outras, o adesivo, e toda vez que vou para a Luz, no quarteirão do Corpo de Bombeiros e do antigo Shopping da Luz, repito esse movimento. As crianças ficam bem mais próximas, o que tornou o trabalho muito mais produtivo.
>
> **As estratégias do adesivo e das bexigas são demarcações estéticas do território**; funcionaram muito bem com as crianças com quem já nos vinculamos e facilitaram as abordagens iniciais com novas crianças.

ET RAPHAEL BOEMER

Graffiti: Ota

O TEMPO DA ESCUTA

> Na rua, a instituição (sociedade) é que convoca o ET. A clientela passa a ser garimpada no universo de crianças em situação de vulnerabilidade/rua.

Nosso vínculo se constrói durante o contrato – que aqui não é definido por dia e hora: o tempo é de outra ordem.

É o tempo da disponibilidade, oferecido na constância e na presença, nos lugares de circulação e habitação desse cliente. O quarto pode ser a Praça da República, e a sala, a Cracolândia.

Acompanhar esse cliente requer, entre outras coisas, conter suas angústias e seus conflitos, conter e traduzir sua agressividade para com o mundo, sendo o ET incluso nele.

Ouvindo o urgente com a escuta no emergente, espera-se que o ET seja sensível e ponderado nas respostas aos pedidos da criança. Atentar à diferenciação entre queixa e demanda, algumas vezes deixando-se, supostamente, levar pela queixa, mas sempre buscando a demanda real.

-TÔ COM FOME!

"Vamos no Bom Prato. Eu pago!" – responde o ET, vendo ali uma possibilidade de entender e ajudar a saciar a fome desamparadora que o levou àquela situação.

Sempre com o olhar singular a cada momento, já que em outra situação a melhor resposta poderia ser: "Puxa... Vamos dar uma volta e, enquanto você vai pedindo, nós vamos conversando!"

Outra situação que requer atenção do ET é a ambiguidade da questão visibilidade. A criança, a princípio, torna-se violentamente invisível aos olhos dos transeuntes, o que em um segundo momento pode ser uma forma de defender-se de outros tipos de violência.

O ET sentado na calçada ao lado da criança provoca um espanto perturbador nos transeuntes. Atônitos ao perceberem uma criança suja, feia e quase morta de mãos dadas com uma pessoa comum, vomitam conceitos e respostas que variam no espectro entre culpa e desculpa.

É submerso nesse oceano de ambiguidades que o ET procura mergulhar,

oxigenar aquela criança com dignidade e a devida responsabilização que cabe no latifúndio de miséria em sua história, para juntos emergirem.

Tudo isso levando em conta que esses encontros são lacunas do cotidiano daquela criança, buscando tornar o digno cada vez mais constante e o violento cada vez mais esporádico.

Esse processo lento e trabalhoso do ET para consigo, da criança para com ela e da relação entre ambos é apenas o início do trabalho, considerando que os contatos com o serviço e/ou com a família ainda nem se deram.

ET LUCAS

EM CASA DE MENINO DE RUA

O ÚLTIMO A DORMIR APAGA A LUA!

O TEMPO É OUTRO

Que tempo era aquele?

O tempo da(o) adolescente, do aqui e do agora,

o tempo de uma história,

o tempo de uma fantasia,

o tempo nosso, como educadoras(es),

o tempo burocrático,

o tempo cronológico,

o tempo do fluxo,

o tempo dos desencontros

e também dos encontros.

Navegar a partir de que vento, de que tempo?

Porque tem também o tempo da intervenção, não?

O tempo de cada acolhimento, acompanhamento, atendimento, rematriamento.

O tempo de cada um, de cada relação.

O tempo de Kelly para pedir, desistir, repetir e insistir.

O tempo de seu irmão, com os olhinhos marejados porque ela não foi ao atendimento. O tempo do abrigo.

O tempo de sua fantasia de completude com Waldinei.

ET LUIZA

A GENTE BRINCA

Quando a gente trabalhava na rua, eu brincava com os meninos quando eles diziam: "Ah, mas vocês não dão nada". Eu dizia: "Eu dou atenção! Eu sou outro tio, eu sou o tio que dá atenção! Tem os tios que dão dinheiro, tem os tios que dão sopa, tem os tios que dão bala, **eu sou o tio que dá atenção! Que a gente brinca junto.** Se você não quiser ficar comigo hoje, eu posso voltar outro dia".

ET BRUNO ROCHA

NÃO É ROMANTICO

"É muito difícil aquilo lá. Eu acho que é um trabalho que mexe muito com você porque não tem uma linearidade, não é romântico, assim. Acho que a gente depara com um lado muito cru da vida. A gente depara com o reflexo da ausência da política pública para criança e adolescente. Acho que tem a própria questão da relação dos meninos com a gente, que nem sempre é uma relação muito fácil. É uma relação construída. E a equipe também se fragiliza muito. Eu me fragilizo muito. E, se eu não tiver meus momentos fora, para poder recuar, e a equipe também, é um trabalho que também pode fazer adoecer. É um trabalho que, a primeira coisa, a gente tem que sair o tempo todo do lugar de ser heroico."

(CLÁUDIO LOUREIRO)

O SCRIPT

O registro do atendimento é fundamental: ajuda a manter o foco no projeto de cada um, que é um acompanhamento longitudinal e exige monitoramento. Um exemplo:

SITUAÇÃO

em situação de rua, fluxo da Cracolândia, usuária de crack, e colostomizada, com a ferida aberta, na rua.

INDICAÇÃO DA REDE

processos de cuidado que possibilitem a cirurgia de fechar o "buraco". Muita exposição à infecção na rua e risco de vida. Não tinha o devido cuidado, e já havia indicação médica para cirurgia.

AÇÕES EM REDE

discussões frequentes de caso sobre G., decidir condutas e papel dos serviços no acompanhamento, importância de olhar o sujeito em seu singular e "olhá-la para além do buraco", estar perto de G., ouvir seus desejos. Afinamento das condutas para não duplicar caminhos, alto investimento em manter G. existindo em nossa rede e no território da família. Ganhou visibilidade política.

TRABALHO COM A FAMÍLIA

mesmo G. estando em situação de rua. Acompanhamento quinzenal em visitas domiciliares e articulação da rede no território. Dar visibilidade ao caso para os serviços do território e pensar as funções de cada serviço no acompanhamento da família. Poder escutar o sofrimento dessa família e ressoá-lo para a rede numa perspectiva de saúde mental. Processos de empoderamento. Importante articulação com a família quando G. ficou hospitalizada.

ENCONTROS SEMANAIS

voltar-se ao íntimo, ouvir, ver e gerar movimentos de autonomia e responsabilização do usuário. Não agir compulsoriamente, construir sentidos com a rede de autores, tanto os equipamentos de cuidado como os atendidos. Nós, da dupla de acompanhantes, fazíamos encontros semanais com G. para construir projetos subjetivos e objetivos.

FRUSTRAÇÃO E "SUCESSO" EM PARCERIA

depois de muito trabalharmos um sentido com G. para ela topar a internação de cirurgia e depois de muito tentar uma vaga em hospital para tal, deparamos com processos conflituosos de ambivalência por parte de G., que ora queria fazer a cirurgia, ora não queria/conseguia. Manter a rede firme nessas discussões.

CONSTÂNCIA DO ACOMPANHAMENTO

quebrar com as acostumadas "rupturas e fragmentações" presentes nesse universo de rua/casa/serviços/Estado.

RESULTADO

após um trabalho de dois anos de constância de AT semanais e discussões frequentes em rede no centro, território familiar e visitas à família, a cirurgia foi realizada com êxito, e G. teve seu corpo inteiro, de novo restaurado.

ETS LÍVIA E IVAN

BANHO DE DIGNIDADE

Quando comecei a trabalhar no Moinho da Luz, não sabia direito o que tinha que fazer. Como o banho era um dos serviços que os meninos mais procuravam e havia uma rotina mais ou menos preestabelecida, comecei por essa função. Acabei tomando gosto e ficando sempre por ali.

Confesso que no começo foi difícil me adaptar ao que já existia – fomos propondo mudanças ao longo do tempo. Mas era um prazer estar presente naquele momento tão significativo e importante. Via a transformação que um banho pode oferecer a alguém em situação de rua. Sem mencionar o lado da saúde e higiene (que são importantíssimos), via que o banho conferia àqueles jovens um certo status: o de se misturar na multidão, de ser um cidadão a caminho de um compromisso qualquer.

Eram bastante corriqueiras as conversas durante o banho mesmo, quando os olhares não se encontravam e podia-se imaginar quase uma conversa ao telefone. Foi assim que um menino que nunca falava comigo contou que na sua casa só tinha mulheres; que muitos jovens me contavam como era o banheiro de sua casa e quando uma adolescente me contou que era muito complicado colocar o absorvente direto na calça jeans, já que calcinha era um item que nem todas tinham. Sem contar o karaokê, que sempre tinha funk, hinos de igreja e, vez ou outra, um rap. Teve também épocas de batalhas de rima, beatbox e músicas de comerciais ou abertura de programas de tevê.

Para o banho em si, oferecíamos um kit com escova e pasta, xampu e sabonete, todos em porções individuais, tipo hotel. Uma toalha seca e limpa também integrava o kit, e, durante um tempo, como não tínhamos muitas, determinava o número de banhos daquele dia. Fazíamos listas com sequência de nomes, já que tínhamos três cabines individuais e muitas vezes mais de cinquenta pessoas no espaço. Mesmo havendo boxes separados, menino só entrava com menino, e com as meninas a mesma coisa, pois, na lei da rua, de modo geral, o homem tem que respeitar as mulheres. E, como manejo da equipe, podíamos muitas vezes acompanhar alguma situação de emergência, respeitando os gêneros.

Ao todo, tínhamos quatro banheiros no espaço. Dois para funcionários (um masculino e outro feminino), onde também ficavam os armários em que guardávamos nossas coisas. Um terceiro banheiro com estrutura de acessibilidade, sem chuveiro, que os frequentadores usavam para trocar de roupa ou fazer suas necessidades. E, por fim, o banheiro dos banhos, composto de cinco cabines individuais, mas um estava desativado e no outro o banho era frio, deixando apenas três cabines para uso.

Duas dessas cabines tinham vaso sanitário, que muitas vezes entupiam porque se jogavam neles as embalagens do kit. Isso não impedia que fossem usados para seu fim programado, e praticamente todo dia precisavam ser desentupidos. O terceiro tinha um ralo exposto, e algumas vezes foi usado como vaso. Manter os banheiros minimamente limpos era uma parte bastante difícil do trabalho. Tivemos uma época em que se começou a usar o chão do banheiro em vez da privada, e precisamos de muitas e muitas conversas entre a equipe para pensar manejos. Conversar com quem tomava banho era sempre delicado, tomando muito cuidado para não expor ninguém ao ridículo.

Escova de lavar roupa virava escovinha para pés, pois muitos usavam chinelos e andavam grandes distâncias, criando uma camada grossa de sujeira, muito difícil de limpar. As meninas muitas vezes tinham uma mochila com cosméticos, alguns ganhados e outros, não. Desodorante era chamado de "rexona", independentemente da marca. Espelho era um item que sempre sumia ou quebrava – o que nos fez fixar um na parede. Gel de cabelo e creme hidratante eram oferecidos no espaço e considerados o ponto máximo da arrumação.

Aprendi excelentes lições de humanidade mediando as sequências de banho no Moinho da Luz. Tarefa que tomei para mim mesmo quando sabia que o espaço ia fechar e que logo aquelas pessoas não teriam mais condições tão facilitadas de acessar uma coisa que para muitos é corriqueira. Poder participar de momentos de renovação com pessoas privadas de tantas maneiras pela vida foi para mim um privilégio, daqueles que talvez poucas experiências da vida podem oferecer.

ET ANDRÉ

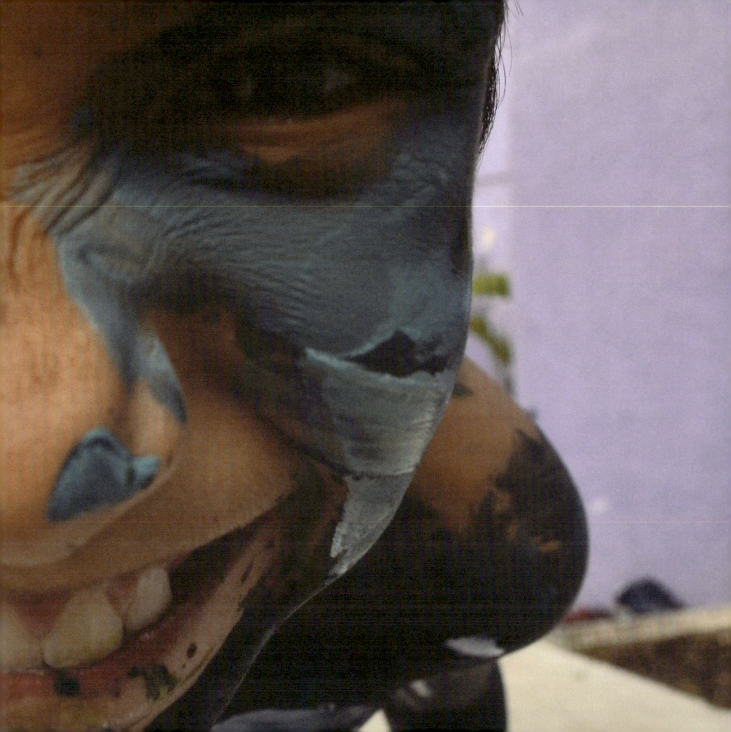

DIÁRIO DE CAMPO

HISTORINHAS NO BANHO

1

D. era conhecido, entre muitas coisas, por quase nunca tomar banho e gostar de pirraçar as pessoas abraçando-as, impregnando aquele cheiro acre em quem recebia o abraço. Um dia, ao me abraçar, D. diz:

"Nossa, tio, seu cabelo está muito cheiroso!"

"O seu também pode ficar D., é só você tomar banho."

"Hoje não vai dar porque não tenho roupa."

Nesse momento, cria-se uma agitação na equipe, pois era raro ele aceitar proposta de banho. Por sorte, tínhamos guardado umas roupas masculinas para emergência e oferecemos a D., que ficou meio sem saída a não ser aceitar o banho.

"Vou tomar banho e já volto", disse D.

Depois de quase uns vinte minutos, surge D. com suas roupas novas, todo cheiroso e com a autoestima mais que renovada.

"Tio, quero creme de pele e gel", pediu ele.

Depois de completar todo o ritual e de toda a festa que a equipe fez para ele, D. sentiu-se muito feliz. No portão, beijou uma jovem que ele conhecia, mas com quem quase nunca conversava. Aquele dia foi difícil saber quem estava mais feliz: ele ou nós.

Era minha primeira semana de trabalho.

"Tio, você pode pegar uma toalha pra mim?"

"Vou chamar uma educadora e ela já traz pra você."

"Pode ser você mesmo, tio, é coisa rápida."

Pego a toalha e coloco sobre a porta fechada. Nesse momento, a adolescente abre a porta e sai, sem roupa.

"Menina, espera eu sair", digo eu, extremamente chocado.

Sem qualquer constrangimento por estar nua na frente de um desconhecido, ela me responde:

"Você é tio, e tio não tem maldade."

3

Domingo, durante um plantão qualquer, aparece I., adolescente que raramente vem ao espaço.

"E aí, tio, tem como abrir pra eu tomar um banho?"

"I., hoje não dá. Banho é só durante a semana. Se eu abrir pra você, daqui a pouco tem uma fila de gente aqui, e estamos sem equipe."

"Mas, tio, é só pra mim. Estou sujo demais e não tomei banho a semana toda."

"Por que você não veio durante a semana?"

"Se eu tomo banho e fico limpo, ninguém me dá uma ajuda. E hoje quero tomar banho porque quero voltar pra casa. Está ficando frio demais, e perdi minhas coisas."

"Tudo bem, vai. Entra e toma seu banho."

Naquele dia, ele tomou banho, ligou para casa e foi embora. Pediu para acompanhá-lo até a catraca do trem, pois tinha medo de querer mudar de destino durante o percurso até a estação.

4

Após uma manhã extremamente turbulenta no espaço, minha colega e eu deparamos com um vaso cheio de fezes, roupas e embalagens de sabonete, além do quadro geral do banheiro, muito decadente.

"Precisamos deixar isso aqui limpo para os possíveis banhos da tarde."

"Minha vontade era poder ir embora hoje. Estou sem condições psicológicas de trabalhar depois de viver esta manhã."

Um olhou para o outro, e juntos encaramos a realidade: o serviço precisava continuar. Demos as mãos, literalmente, e buscamos no outro força para continuar. Começamos a cantar um rap enquanto íamos limpando os banheiros, numa tentativa de organizar também o nosso lado interior.

ET ANDRÉ

BATIDÃO

ilustração: bruno pastore

"Tio, meu coração não bate."

"Claro que bate."

"Não, não sinto. Onde fica o coração?"

"Aqui, ó. Desse lado do peito – toco seu peito.

- Eu tô sentindo seu coração, sim." Ele parece surpreso.

"O coração é do tamanho do punho, fecha a sua mão pra ver...

E ele fica do lado esquerdo. Mesmo pequeno, bombeia sangue pro corpo todo, toda vez que ele bate.

Agora sente seu coração."

Ele então arregala os olhos:

"... É, meu coração bate! Meu coração bate!"

E então gesticula socos no ar, com os punhos cerrados e um sorriso resistente.

ET DANIEL

CAIO, O MENINO MORTO

Rua 7 de Abril.

Maria caçando palavras.

João azarando Natália, do lado de Maria.

Caio ao nosso lado.

Cócegas...

"Quer ir pruma exposição de circo aqui do lado?"

"Me carrega?"

Aconteceu um morto. Não sei se pela gente ou por ele, mas a brincadeira começou quando ele fingiu que estava morto.

Erámos quatro educadores. Cada um com um braço e uma perna do morto.

"Para onde vamos levar esse corpo?"

"Pergunta pro morto..."

"Mas o morto tá morto..."

Andando pelo centro de São Paulo, as pessoas nos paravam, perguntavam pra onde estávamos levando aquela criança.

Paravam a gente pra perguntar. Dava medo de responder: "Tá morto, uai!"

Às vezes respondíamos, às vezes dizíamos que era brincadeira.

Um senhor se aproximou. Olhou para o menino morto, disse que daria um beijo nele para ver se acordava. Caio abriu os olhos na hora.

"Ahhhhhh! O morto tá vivo!"

Voltou a morrer.

Para onde levaremos esse corpo?

Fomos andando.

Uma senhora parou, ofereceu pirulitos, pegou na mão dele, disse que levaria ele para tomar um banho.

"Olha essa tiazinha...", disse Caio, rindo.

Voltou a ficar morto.

Vamos levá-lo para o cemitério?

Chegou um senhor que ele conhecia. Esse senhor morava na rua.

Correu atrás de Caio, que saiu correndo.

Veio até nós, pediu para ser carregado de novo. Como não sabíamos o que fazer com o morto, chamamos o vivo para ir à Galeria Olido ver a exposição de circo.

"Não é um circo de verdade!", disse Caio.

Vimos a exposição, ele nos chamou para ir embora. Pegou seu cigarro, sua garrafinha de tíner e rumou de volta à 7 de Abril.

ET RAONNA

DOMINGO NO CENTRO

Plantão de domingo... Estar presente no centro aos domingos como ET não é uma tarefa nada simples... É denso, cansativo...

Como dizem os "meninos": "Domingo é um dia morto!!!"

Entre uma série de coisas, tenho pensado no quanto parece que, mesmo em meio à desordem (sob nossa perspectiva) que vivenciamos no contato com os garotos, a semana (de segunda a sexta) traz a eles a vivência de um cotidiano, de uma sequência que, inclusive respeitando as pessoalidades, oferece a possibilidade de criar uma rotina e programar atividades (hora de trabalhar, hora de jogar videogame, hora de pedir dinheiro, hora de cheirar cola etc.)

De segunda a sexta, é um período no qual os meninos têm disponíveis todos os recursos, para usá-los da forma que melhor atende às suas necessidades. E, como acontece com todo bom ser humano, os meninos também estão em processo de busca e constituição de si, reconhecendo-se pelo que estão fazendo, pelo que estão produzindo e a partir das relações que estabelecem...

É durante a semana (segunda a sexta) que encontramos várias ONGs trabalhando, oferecendo escuta, atividades lúdicas e pedagógicas. Há órgãos de assistência disponibilizando serviços de saúde, higiene e abrigamento e pessoas ávidas por fazer "algo pelo social" (doando roupas, cortando unhas...). A disponibilidade de atenção e cuidado chega às vezes a ser maior que a demanda...

De segunda a sexta, o espaço do centro também está muito tomado pela população em geral: pessoas circulando, mendicâncias sendo atendidas, apresentações artísticas acontecendo, mais policiamento "vigiando".

E nesse caminhar da semana, o sábado parece vir como um tempo "intermediário" entre a semana e o "temido" domingo. Apesar de todo o movimento já ser bem menor, sábado é o dia em que os trabalhadores (que não tiveram nenhum tempo para si durante a semana) podem sair para fazer compras e resolver pendências pessoais; portanto, todo o comércio também está aberto. E, estando o comércio aberto, os meninos ainda podem encontrar rostos conhecidos (o cara da banquinha de camisetas de time de futebol, o vendedor das Casas Bahia e o dono do botequinho que dá coxinha). Porém, o fim da tarde já traz consigo um certo clima de melancolia...

O domingo então aparece... Aparece e, pelo que tenho vivenciado até agora, se apresentando como um buraco, um espaço para muita coisa... Trata-se de um dia longo, em que os pequenos "refugiados urbanos" parecem ficar meio perdidos, e parece que o que mais se espera é novamente a chegada de segunda-feira a sexta-feira.

Tenho observado que a droga, como um elemento que compõe a sociabilidade da rua, parece ser uma "companhia" ainda mais solicitada para compartilhar o intervalo de espera até que uma nova semana comece.

Domingo parece ser o dia em que tudo o que vieram buscar no centro se esvai, se esfumaça: não tem gente, nem projeto, nem banho, nem nada... Uma vivência – confesso – difícil de compartilhar com eles...

O domingo parece jogá-los de novo para o campo de uma invisibilidade possivelmente já muito experienciada na vida. Uma invisibilidade que talvez, com a ida ao centro, eles tentam evitar, controlar ou algo parecido, que eu também ainda tenho muita dificuldade para nomear, simbolizar...

ET FERNANDA RAMOS

FUMAÇA

Fumaça aparece no Moinho da República, como frequentemente tem ocorrido, e pergunta por mim. Como tínhamos combinado há cerca de uma semana, e percebo, com evidência, que ele não tinha dado conta sozinho de nosso combinado, proponho que procuremos um lugar para que possa tomar um banho. Seguimos caminhando até a igreja da Consolação, e lá somos informados de que já há muito tempo não existe mais esse serviço lá. Nos informamos com um morador de rua ali perto, e ele nos diz que a UBS República era o local mais próximo onde poderíamos encontrar o tão esperado e urgente banho.

Chegando lá, soube que, devido ao tumulto que as crianças vinham fazendo para usar os banheiros da unidade, o banho foi suspenso. Converso com a assistente social, procurando a indicação de um local mais próximo onde pudéssemos ir naquele dia, mas, ao ver o estado em que o garoto estava e também por estar acompanhado de um educador do Quixote, ela abre essa exceção. Empolgado, Fumaça agradece e vai para o chuveiro.

Sai de lá comigo, contando para as pessoas que tomou banho. Sinto que aquilo, nada frequente ultimamente para Fumaça, o deixa diferente, mais acordado.

Durante todo o passeio, conversamos sobre seus amigos na rua. Fico sabendo que ele tem um primo que também está na rua, e é com quem ele conversa. Falamos então dos segredos que as pessoas têm e normalmente contam apenas para as pessoas em que confiam. Fala de seu gosto por bolo. Conta que sua mãe uma vez fez um bolo de maçã, e ele ajudou comprando os ingredientes. Parece bem fresco em sua memória, o que é raro que aconteça quando ele se refere a lembranças de casa e da família.

Logo se despede, dizendo que vai arrumar alguma coisa para comer e que volta depois para conversar mais. Já é fim do dia. Ele volta, eu sei. Ele vai logo em seguida para a rua Guaianases, junto à concentração de pessoas que fumam pedra [crack], eu sei disso também. Isso ele não esconde, mas busca, sem dúvida, alguma referência que o agrada, ou pelo menos instiga, em nós, do Quixote.

Um garoto difícil, muito decidido à vida na rua, mas que, pude perceber balançando em alguns momentos. Logo escorrega, mas balança.

ET ANAÍ

O PRIMEIRO GRANDE TRABALHO foi mudar o nome dele, como era mesmo? Cisco, Corisco, Fagulha, Fumaça... Ah!! É mesmo: Fumaça.

Tarefa árdua dar nome a quem não tem nome, reconstituir uma história a partir de um apelido. E esse apelido tem mãe?? E pai?? Estão vivos?? Há quanto tempo você mora na rua?

Sentimentos em carne viva... E como tocar uma ferida dessas?? O toque suave é o não toque...

Depois de algum tempo, finalmente um nome, Ricardo Afonso, nome de galã de novela.

"Mas Ricardo Afonso de quê??"

"Da Silva, tio, acho que é da Silva..."

Tudo bem, agora você virou Ricardo, mas isso é só o começo... Vai atrás da mãe, leva ao hospital, procura uma vaga no abrigo, leva ele ao Caps, pede a perua do Cape, atualiza a pasta dele, leva ao cinema... Xiii! Voltou para a rua.

Não tem problema!! A gente nunca volta do zero: coisa vivida é história feita. Sozinho é que ninguém aguenta..."

ET BRUNO ROCHA

INTERVALOS

Caminhávamos em dupla pela rua acompanhando J. até o Moinho da Luz, quando B. juntou-se a nós. Foi assim que o conhecemos: descalço, todo sujo e chupando um picolé, como quem o faz pela primeira vez. Nesse dia, ele participou da oficina de graffiti e depois voltou para as ruas do centro, cenário onde nosso vínculo com ele foi se estreitando nas semanas seguintes. Quando o encontrávamos, parávamos para conversar, jogar alguma coisa, deixar um bilhete enquanto dormia ou mesmo ficar em silêncio ao seu lado. Fomos então conhecendo um pouco do seu mundo, os lugares por onde andava, os cantinhos onde dormia, os faróis onde se fazia de aleijado para ganhar uns trocados, suas histórias e aventuras atravessadas pelo crack, pela polícia, pela comunidade, seus companheiros de rua. A confiança entre nós foi crescendo, e pudemos acompanhá-lo duas vezes à Casa Restaura-me, que oferece banho, troca de roupa e refeição. A vivência desses cuidados básicos tão fundamentais, aliada ao acolhimento da nossa presença, fez B. remeter-se ao contexto familiar, falando bastante da mãe e da vontade de voltar para casa. Numa das vezes, quis telefonar para o tio, Oscar, para pedir que a mãe viesse buscá-lo, mas só se lembrava de um número com seis algarismos. Viemos saber mais tarde que, apesar de B. viver na rua, tem o costume de voltar para casa de vez em quando, onde passa por volta de três dias antes de retornar à rua.

ET JOANA

CENAS DE U...

*Cenas do acompanhamento com um menino muito especial, Miguel. Todas essas imagens foram vividas comigo (ao longo de um ano e meio), educadora terapêutica do Projeto Quixote, e Ivan, amigo, parceiro e colega de trabalho.

CENA 1

Nós na rua. Miguel e sua pequena mochila de sobrevivência: um exército de bonecos, uma máscara de mergulho e carrinhos de brinquedo.

"Vamos brincar de batalha naval?"

"Vamos."

Exterior de uma biblioteca, perto da Consolação. Sentados numa mureta, preparando nossas táticas de defesa e ataque.

"Não, tia, assim você deixa seu campo aberto, fica fácil de te atingir."

"Eu não sei brincar disso."

E vem Miguel posicionar meus soldados mais estrategicamente. Afinal, estava fácil demais me atingir.

CENA 2

Em um dos nossos encontros na Praça Roosevelt, Miguel chega ao nosso ponto de encontro, o escorregador gigante. Escorregamos várias vezes sem parar. O frio que dava na barriga punha um sorriso besta na nossa cara. Chega um rapaz, uma filmadora.

"Posso filmar vocês?"

"Por quê?" – perguntamos, duvidosos.

"Estou fazendo uma matéria sobre 'pessoas felizes na Praça Roosevelt'. Posso?"

Nos olhamos.

"Pode, sim."

A ANDANÇA

CENA 3

Outro encontro na Praça Roosevelt. Miguel chega, sujo, tempo nublado, céu cinza e triste.

"Vamos escorregar?", pergunta ele.

Escorregamos. Uma marca roxa em seu pescoço. Aperto no peito, aflição, angústia, falta de ar.

Marca roxa no pescoço. Na rua. Treze anos.

"Vem, escorrega, tia."

Tempo cinza, neblina, frio e dor.

"Miguel, precisamos conversar."

CENA 4

Na escadaria da Galeria Olido. Miguel com piolho, coçando a cabeça. Bate-papo.

"Meu pai falou que eu devia ter nascido numa família rica. Que eu sou muito mimado."

"Mimado?"

"É, que eu sempre quero mais do que eu tenho."

E quem não?

CENA 5

Depois de uma atividade com a criançada na Matilha Cultural, hora do lanche. Balinhas recheadas de chocolate para todo mundo. Na hora do tchau, lembro Miguel de que estou saindo de férias.

Miguel, surpreso com o tempo, põe a mão nos bolsos. Vazios. Não, uma balinha recheada de chocolate (que eu mesma acabara de dar).

"Pra você. Sei que não é muito, tia."

"É muito."

Abraço apertado e longo. É muito.

CENA 6

Horto Florestal, dia de sol, piquenique, gangorra e macaquinhos. Miguel pirou nos macaquinhos. Dia longo, hora de embora.

"Posso ficar aqui? Quero ficar mais com os macaquinhos."

"Miguel, já são quase seis horas. A volta é longa, vamos juntos."

"Mas eu vou voltar pra Praça da República e ficar sozinho na rua, mesmo. Pelo menos aqui eu fico com os macaquinhos."

Silêncio.

CENA 7

No fórum do Tatuapé, reunião com a equipe técnica de lá. Psicóloga pergunta:

"Miguel, o que você quer?"

"Quero uma família. Pode ser meu pai, se ele conseguir; minha tia, se ela quiser; ou uma família adotiva, se tiver."

...

CENA 8

"Tia, o que é machismo?"

"Humm, é a cultura em que o homem acha que tem uma dominação sobre a mulher. Se acha superior e desvaloriza a mulher, saca? Que bom que você perguntou, Miguel. Espero que você não seja machista."

"Eu, não."

CENA 9

Após uma tarde fria juntos, quase escurecendo, no centro da cidade, caminhando.

"Vou te acompanhar até o metrô, tia."

"O que você vai fazer depois, Miguel? Vai atrás de um abrigo pra passar a noite? Está tão frio..."

"Não quero ver isso agora, vou ao cinema assistir 'O que será de nozes'."

"Mas precisa ser hoje? Tá escuro."

"Precisa. É o único que eu ainda não vi, e sai de cartaz amanhã."

Fico preocupada: dia cinza e chuvoso, ele sozinho. Sozinho.

"Mas, Miguel, você está sem casaco. E vai comer o quê? Onde você vai dormir?" – Olhos com lágrimas. Disfarço.

Miguel para na minha frente.

"Calma, tia, eu sei me virar."

Abraço. Vontade de ir junto, comprar casaco, pipoca e amor.

Chegamos ao metrô e nos despedimos.

Dia das Crianças, dia especial.

"Miguel, hoje é um dia especial. Vamos pensar numa coisa gostosa pra fazer?"

"Vamos." E pensa.

"Que tal conhecermos a exposição do Castelo Rá-Tim-Bum?"

"Humm, queria uma coisa mais tipo... cinema! Vamos ao cinema?"

"Mas, Miguel, você sempre vai ao cinema. Não quer nada diferente hoje?"

"Quero que vocês vão juntos hoje. Filme de terror."

"Tá bom, vamos."

Esconde-esconde antes do cinema. No filme, medo e susto. Ele nos acalma.

Miguel, o "especialista em filmes".

CENA 11

Na rua, sentados numa pedra, Praça da República. Um cachorro vira-lata passa com uma corda amarrada no rabo e uns trecos pendurados.

"Tia, ó o cachorro. Por que alguém faz isso com um animal?"

CENA 12

Rua, chuva forte. Muito forte.

Corremos e damos risada. Muita risada.

CENA 13

Num espaço de convivência para crianças e adolescentes, Miguel conhece uma menina da sua idade. Jogamos Uno.

Ela pergunta: "O que você faz?"

Fica sem resposta. Tímido, emudece.

Começo a responder, ele me olha apreensivo. Não quer que eu fale da rua, eu sei.

"O Miguel? Ele é o especialista em filmes!"

Ele sorri, contente com a qualificação.

CENA 14

"Lembro de uma vez que eu e meu irmão, pequenos, estávamos num parquinho brincando de pular uma corda. Aí, meu pai subiu a altura da corda, e eu fiquei com medo. Chorei."

"E aí?" "Ele falou que eu era medroso. E, quando eu cheguei em casa, me bateu."

CENA 15

Logo antes de eu sair de férias, disse que ia viajar.

"Você vai de avião?"

"Vou, sim."

Olhos brilhantes: "Me faz um favor? Promete que filma o avião subindo?"

Vontade de levar junto.

"Prometo."

CENA 16

Abraço apertado de despedida para as minhas férias. Miguel ainda nas ruas.

"Quando eu voltar, espero que você esteja dormindo numa cama."

Uma semana depois, chega uma foto no meu celular: Miguel deitado na cama de um abrigo.

CENA 17

Espaço de convivência, Miguel quer tomar banho. Camisinhas (preservativos) do lado de fora. Miguel pega um monte.

"Pra que isso agora, Miguel?"

"Pra encher de água e brincar durante o banho. Vou fazer uma família de bexigas."

CENA 18

Numa grande praça movimentada, perto da casa do pai do Miguel.

Nós, uma mesa e Lego.

"Vamos brincar de Lego?", pergunta ele.

Miguel constrói um grande navio, cheio de armas em volta.

"Miguel, como é o nome desse seu navio?"

"SOS criança."

CENA 19

Dia de sol, fizemos um piquenique gostoso num parque perto de um abrigo onde Miguel estava. Tinha chocolate, bisnaguinha, salsicha, batatinha, requeijão e fruta. Comemos e conversamos um monte. Na hora de ir embora, Miguel vê uma barraquinha.

"Compra um salgadinho pra mim?"

"Mas a gente acabou de comer um monte juntos."

"Pra eu comer depois, vai!"

"Poxa, Miguel, fizemos um passeio tão legal, e a sensação que dá é que, se não te dermos esse salgadinho, a gente vai sair em falta com você!"

"Quem disse isso? Não vão, não. Foi legal hoje."

Não compramos e voltamos juntos, sem climão.

CENA 20

Miguel, no abrigo, continua falando sobre como quer arrumar um trabalho.

"Eu vou trabalhar. A tia do abrigo falou que está vendo isso pra mim."

"É? E por que você quer trabalhar? O que você quer fazer com seu primeiro salário?"

"Primeiro, eu quero ter dinheiro pra comprar meu próprio salgadinho" – e nos olha com um sorriso maroto. "Segundo, quero levar meus irmãos ao cinema. Meus irmãos e... meu pai! ... É... Meu pai também, se ele quiser ir."

ET LÍVIA

EDSON E SUAS DURAS AMEAÇAS

Edson é um menino engraçado. Se ele soubesse que o estou chamando de "engraçado"... Ahh! ele ficaria bravo! Sabe o "Meu malvado favorito"? É tipo ele, só que na versão pré-adolescente.

Edson tem um sotaque gostoso de Alagoas. Usa umas bermudas e camisetas bem largas e geralmente está com um desses tênis que quase todo menino quer ter.

Lembro de tê-lo visto pela primeira vez em junho, na audiência pública Pelo Não Silenciamento de Vidas e Mortes de Crianças e Adolescentes em Situação de Rua.

Ele estava todo empipocado e disse aos "seus juízes" que sua pele estava daquele jeito porque tomava banho debaixo da ponte e aquela água era indigna para criança tomar banho. Tirou até a camiseta e, todo articulado, queixou-se, com o peito estufado. Nem participou de toda a preparação de meses e já se pronunciou, todo próprio, todo espontâneo.

Num outro dia, encontrei Edson com outros dois meninos numa das saídas do metrô da Sé. Com sua voz rouca, ele disse:

"Nem me levou no médico pra cuidar das minhas feridas, não tá nem aí pra mim."

"Eita, perdi algum combinado que a gente fez? Prazer, Luiza."

Só me olhou, bicudo.

"Bom, então, bora pro médico", falei.

"Agora? Não, agora, não. Minha mãe que cuida."

"Pô, que massa. Então, tá tudo certo!"

Passei a ver Edson na maloca do Vale. Sempre bicudo.

Me aproximava e... Chispaaaa! Edson brabo. Eita, nem um "salve" dava para completar.

Meio tímida, passei a colocar os livros dispostos no chão, à vista da maloca. Será que alguém vai se interessar? Edson começou a me ameaçar com seu bico e as unhas pontiagudas e pretas.

"Quero que você conte essa história. Agora!"

Rendi-me à ameaça. Que ameaça mais deliciosa!

"Agora, quero que você encontre o livro do chupa-cabra."

Outro dia, estava sentada perto da maloca, com uns papéis coloridos, uns desenhos e lápis de cor.

"Vou desenhar. Fica do meu lado, mas quieta."

"Sim, senhor. Só que tenho que falar com outras pessoas. Fica em paz, tô na minha."

"Olha que lindo o desenho! Posso levar, tia? Vou ficar na brisa olhando pra ele."

"É seu". Brisou um pouquinho e me deu o desenho.

Vontade de esmagar, de dizer que vou pendurar o desenho no meu quarto, que ele é um amor em formato de gente, que não precisa ser tão arisco. Mas só agradeci, porque ele é marrento demais, e meio adolescente.

Aí teve algumas outras "ameaças". Ameaças do Edson.

Edson destruiu a escultura do Davidson. Só porque tava lá de boa com o Davidson, outra figurinha que diz gostar de fazer obras de arte e que poucas palavras troca também.

"Ahhhhh, Edson, na boa. Ó, faz aí sua escultura. Fico com você. Agora, estragar a obra de arte dos outros não dá, né?"

Ficou que nem cachorro quando faz coisa errada e começou a fazer sua obra de arte. Ufa, não saiu treta dos dois! Davidson foi sensível e sacou a ciumeira do amigo. Mas sempre poucas palavras.

"Outro dia, estava lendo 'A festa no céu' pra Regina."

"Esse já conheço", falou Edson, com a boca toda encrespada.

"De onde, Edson?"

"Da escola." Relaxou a boca contraída que usava para fazer o bico e abriu um sorrisão, mostrando uns dentes amarelos, todos separadinhos. Bonito de ver sorriso assim que nem o dele.

Assim a gente vai se aproximando.

Num dia antes de eu entrar de férias, rolou aquela abertura para um papo gostoso. Eu, ele e Nico, um pequeno de cabelo loiro pintado. Edson falou, se gabando:

"Eu conheço muitos livros."

"Tô vendo! Você conhece todos aqui já! Poxa, tá difícil de achar o do chupa-cabra! De onde você conhece?"

"Lá do Sesc aqui perto."

"Vamos lá?"

Depois das férias, um novo encontro. Nesse dia, seu bico virou boca. Me contou dos cinco irmãos, da saudade de Alagoas, do mar, mas que lá tem muito tiro, então prefere a poluição mesmo. Edson ama livros!

ET LUIZA

EM BREVES

Dedo em riste e despenteada, ela, que eu não conhecia, avançou gritando:

"Olha aqui, se você não pegar agora, eu te arrebento. Você duvida? Diz que duvida. Por que se você duvidar... eu meto minha mão na tua cara! Duvida? E se eu te empurrar dessa escada aí?"

As ameaças continuaram, aumentando junto com o volume da voz. Se, se, se... Na ponta dos pés para ficar mais alta, cara trancada e dura, dedo acusador, Nilma se apresentava para mim, que me assustei. Empurrava com o corpo as pessoas, as palavras e os limites, provocava os outros educadores, machucava. Gritava urgente. Saí angustiada e com pressa, afogada no peso do toque, também sem saber falar.

Aquele encontro me ocupou e tornou a ocupar outros dias. Saí muitas vezes levando algo que não me pertencia e a que tampouco conseguia dar nome, medir as formas. Vinha forte e de surpresa, como aquela menina que atacava e exigia, gritando sem saber o quê. Ficava eu me sentindo presa, cheia, quase transbordando de qualquer coisa que queimava, que doía e que gritava sem gritar. A pele fina.

Cinco minutos. Devagar e "em breves" pudemos construir uma relação. Com susto das duas, devagar e cheias de arestas, pudemos ir nos enxergando: não mais só tia e Nilma, mas Fê e Nilma. Independentemente do tempo que passava no Creca a seu lado, os momentos em que nos encontramos, sempre foram curtos e intensos, fossem de silêncio compartilhado em que, juntas, tentávamos segurar, dar cor e espessura àquela onda, sempre na arrebentação, em vias de estourar, ou de confissões, choro repentino, quando ela chegava, apoiava a cabeça no meu ombro e chorava com força, explicando com gritos e palavras soltas "não quero", "meu avô", "mentira", para logo secar as lágrimas e se levantar. Sempre pequena e grande, com medo e ameaçando, machucando e ferida, exigindo acolhimento, verdade, carinho, sem poder, muitas vezes, aceitar.

Os encontros continuam curtos. Tempo que marcamos, agora na rua, de outras maneiras. Que ela marca agora com mais palavras, pedindo seu tempo para pensar, para falar, para estar perto. Que eu marco agora com menos susto, pontuando, mostrando, estando também nos meus tempos.

Sentada na grama, ela pede que eu me aproxime, dizendo que agora, depois de pular, de brincar, de contar vantagens e histórias para todos em volta, já dá para falar. Apoia a cabeça na minha perna e, com o olho cheio d'água, aponta uma árvore:

"Fê, e se eu morar naquela árvore? Eu vou construir uma casa lá."

Brincamos de imaginar a casa. Do jogo do "se". Como seria? Como construiria? Ela topa a conversa e diz que quer uma janela para olhar para a rua, mas sem que ninguém consiga vê-la. Uma casa onde só ela more. Suas regras, seus tempos. Conversamos novamente sobre suas muitas casas: a do plano futuro, a do sonho, as possíveis e reais. A dificuldade e seu pedido constante de que uma delas possa ser pouso. Ela fala de saudade. Chupando o dedo, ela pensa, ignorando as coisas de que a chamam na rua. Silêncio. Levanta, pede um beijo.

"Tia Fê, a gente pode conversar mais um pouco depois? Agora preciso andar."

Sorrio, sem precisar responder. Sozinha, ela se afasta das muitas crianças que estão na grama, do chamado para algum corre, e se esconde atrás de um poste, onde não pode ser vista facilmente. Mais cinco minutos. Até poder sair e brincar, pular, contar histórias. Em breves.

ET FERNANDA SATO

UM PRINCÍPIO DE HISTÓRIA...

Caminhando pelo Vale, sol escaldante, não encontro ninguém. Dia perdido? Até que surge um garoto, limpo, simpático, nas redondezas da Praça da República, figura inusitada num dia inóspito, convite para um breve passeio pela praça.

E eis que estávamos ali observando um menino entusiasmado ao olhar para os peixes e tartarugas do lago, lugar onde outrora vi tantos meninos com seus saquinhos de cola a nadar pela gosma verde que se tornou.

Paramos e ali permanecemos. Surge um convite para alimentar os peixes. Lembrei que tinha biscoitos na mochila, e o menino se divide entre se alimentar e ver os peixes em busca dos fragmentos de biscoito jogados no lago. Um momento de excitação coletiva, o peixão sai de lá do outro lado do lago e encontra os biscoitos, devora-os em poucos segundos, faminto. O menino começa a discorrer sobre as espécies de peixe que estavam lá. Surge uma curiosidade: como é que ele sabe tudo isso?

Disse que, quando era mais novinho, costumava pescar com o pai. Surge um novo convite. "Vocês me levam no zoológico?" Podemos pensar sobre isso.

Fotografias, poses, mais lago. Vamos dar uma volta? Fomos ao Sesc 24 de Maio. Nenhuma exposição, só computadores desligados. Vamos dar um volta? Galeria do Rock. Peraí, já volto. Sumiu.

Dois dias depois, o encontramos no Vale. Ficou contente em nos ver, disse que ficou à nossa procura todo esse tempo. Vamos ao zoológico? Podemos conhecer outros lugares. Vamos? Quando? Amanhã.

Amanhã não o encontramos...

Frustrados, já voltando para casa, recebemos a ligação de nossa coordenadora avisando que um menino pediu para a tia do Travessia falar com o Quixote, porque ele quer ir ao museu, mas já tinha combinado um passeio com os tios do Quixote. Será que a gente não pode ir junto? Sugestão do menino. Juntos: Travessia, Quixote e Júlio.

No dia seguinte, fomos ao Museu Afro Brasil, no Parque Ibirapuera. O menino nos guia pelo museu; conhecia tudo, mostrou suas obras prediletas, contou que vivera na Amazônia quando pequeno, conhecia índios, rios, histórias. Correria, reunião, nos despedimos.

Uma semana depois...

Encontro a educadora do Travessia que fez o convite para o passeio. Conta-nos que Júlio foi para casa no fim de semana, apanhou do padrasto, fugiu, voltou pro Vale, foi para o Creca Santo Amaro, mas ainda quer ir ao zoológico.

ET MARIANA VALVERDE

Igor, o brincalhão

Brincamos de mudo.

No primeiro dia, Igor nos imitou. Ficamos em silêncio, olhando todo mundo. Encarávamos os transeuntes que nos encaravam.

No segundo dia, meu silêncio tocou Gigi. Marina foi intérprete desse encontro de silêncio.

Igor ficava ao lado, fazia sinal de que ela era doida. Nesse dia estava com sono. Imitei sua cara de sono. Ele riu, e foi só.

No terceiro dia, ele veio atrás de mim, procurou o meu silêncio. Nós ficamos lá, olhando aquele bocado de gente. Passamos pelos vários mundos daquela estreita rua.

Começamos a montar casas com as peças de dominó. Ele derrubava as minhas e eu derrubava as dele.

Jogamos as peças um para o outro.

Cansou.

Ele disse: "Eu quero colorir também". Mas aí já não era comigo. Fiquei por ali.

Coloriu o desenho, perguntou como estava.

Disseram: "Tá ótimo!"

De repente, sem mais nem menos, Igor mudou de voz, fez uma voz grossa, disse que era malvado, que tinha gostado de mim, que queria meu sangue... Enquanto falava, babava.

Ele dizia que babava porque era um monstro malvado....

"Ó como eu sou mau!" E ria, ria muito. Por um momento, tive a impressão de que ele estava "na brisa do tíner".

Depois pensei: "Será que o brincar entorpecido atrapalha realmente alguma coisa?".

Ele perguntava se eu estava com medo... Bom, quem tá na chuva, se molha.

Continuei muda, fingi medo... Ele dizia que ia me pegar, pegar o meu sangue... Chegava perto de mim, olhava fundo nos meus olhos, imitava um bicho.

Teve uma hora em que foi até morder a perna do Hugo. Mas só fez de conta, não mordeu de verdade. Parece que queria a atenção do Hugo.

Tinha uns meninos mais velhos do lado. Perguntavam se ele estava mesmo me assustando.... Encararam Igor...

"Tá assustando a tia?"

"Não, não estava."

Igor me olhou feio. Disse: "Eu mando em você! Não era pra você começar a falar! Só eu falo aqui, porque eu sou mau, muito mau..."

Parou de brincar...

Perguntei por que parou.

Ele perguntou se eu acreditei...

"Você quer que eu acredite que você é mau?"

"Eu não sou mau, é que sou muito brincalhão."

Pegou o tíner e foi pra outro mundo daquela estreita rua.

Mas... não era a rua que era estreita...

ET RAONNA

A MORTE DO MINOTAURO

Dessa monstruosidade nasceu o Minotauro, o híbrido com o corpo de homem e cabeça de touro, em volta do qual Dédalo construiu o labirinto, a casa monstruosa para um ser monstruoso...

ao morrer

o Minotauro chora

como uma criança

por fim se enrosca

como um feto

e se aquieta

no definitivo

da morte.

Paulo Leminski, como costuma acontecer com os poetas, estará sempre disposto a nos salvar. A salvação, seja lá do jeito que for, se for, terá que contar com as duas matérias-primas a partir das quais se desenvolve o espírito humano: essências e metamorfoses.

Os espíritos estão armados. O monstro devorador de humanos está exaltado. Bípede, ele anda pelas trilhas do labirinto. Encontra uma criança. Não sabe o que fazer. Conhece apenas os heróis, todos adultos. Ele vai estraçalhar o frágil corpinho?

O gorila Harambe, do zoológico de Cincinnati, nos EUA, foi assassinado pela segunda vez por funcionários do estabelecimento, após um menino de 4 anos cair em sua jaula. Um tiro certeiro na cabeça do animal. Sua primeira morte foi quando, capturado nas savanas da África, teve que trocar sua mátria por um cativeiro. Um gorila-morto-vivo para satisfazer o voyeurismo dos humanos. O zoológico é um espelho.

Dois dias antes, em São Paulo, morria Ítalo, com um tiro certeiro na cabeça. Um menino de 10 anos que roubara um carro e fugia da polícia. Fugia também do Minotauro, o monstro devorador de humanos.

Conheci alguns Ítalos nesses vinte anos de Projeto Quixote. Todos com menos de 13 anos. Todos brincando com adrenalina de adultos. Todos roubavam carros automáticos para jogar o jogo perigoso. Pichavam pendurados no topo do prédio. Alguns caíram desequilibrados; outros, assassinados.

Um dia encontrei um Ítalo nas ruas da Cracolândia.

Eu era educador terapêutico, ET para os íntimos. Ele, um menino de 10 anos que vivia nas ruas do centro da cidade, sempre acompanhado por Bobi, seu fiel escudeiro vira-lata.

Com o tempo, fomos virando amigos, pitadas de Sherlock Holmes, e eu ia juntando seus sinais de fumaça, seguindo o rastro e tecendo meu fio de Ariadne. Não podíamos sucumbir nos descaminhos da volta.

Eu também tenho medo do Minotauro e de seu labirinto.

Ele tinha vindo de Cantão do Mato, na Bahia, fazia dois anos, para procurar seu pai, que, encontrado, o abandonou pela segunda vez. Aos 8 anos, viu a mãe sendo esquartejada a golpes de machado pelo companheiro enfurecido de ciúmes.

Esse Ítalo salvou seus irmãos menores levando-os para a casa da tia.

Voltou e o fato estava consumado.

Ainda ninou a cabeça da mãe.

Comemos juntos o pão que o diabo amassou, mas conseguimos voltar.

Ele é um herói sequelado. As machadadas esquartejaram para sempre sua linguagem. Ainda assim, um herói. Como Paulo Leminski e Teseu, sempre prontos a nos salvar.

Ou matamos o monstro devorador de humanos; ou perdemos o fio da meada.

E aí, em algum Cantão do Mato, ele nos mata.

ET AURO

MATEUS

Era raro não me receber com seus gigantescos abraços e com todo o brilho e a alegria contagiante. Gritava "Tia!!!" e vinha correndo em minha direção. Nesses anos, nossos corpos foram se adaptando ao desenvolvimento de um menino que circulava entre infância e adolescência. Cresceu muito de altura, e nos abraços deixei de me curvar e passei a me esticar para alcançá-lo.

Fizemos muitas andanças e nesse caminhar íamos descobrindo novas formas de brincar: equilíbrio em paralelepípedos, busca da sombra e do sol e, de um ponto a outro, adorávamos contar passos longos e sincronizados; ora eu ficava de olhos fechados e ele me guiava, ora o inverso. Ríamos muito.

No meio de várias ruas e cruzamentos, ele me revelou seu sonho de ser taxista. Afinal, conhecia tantas ruas, tantos caminhos. Queria ser um taxista veloz, tão rápido quanto seus carros, que desenhava com muito esmero, e em oposição aos vários trens que construía com peças de Lego. Os trenzinhos tinham a velocidade de pensamentos calmos, acalentadores, trazendo um lugar de paz numa vida tão curta e intensa.

Na balança da árvore e no videogame de aventura, encontrava adrenalina e relaxamento. Nos desenhos, também entrava em contato com esse lugar, viajava por mundos mágicos: era Rapunzel, era sua longa trança, sua prisão na torre do castelo; era também muitos vestidos bonitos, caracóis e passarinhos.

Lindo Mateus de olhos negros e sorriso largo. Seria bom poder vê-lo novamente. Tenho suas fotos e dentro de mim consigo esticar-me mais e mais para sentir sua alma de criança rindo do palhaço. Diante da dor de sua perda, acalmo-me ao ouvir de longe sua risada.

ET MARINA

QUIXOTEXTO OU MANIFESTO CONTRA A SURDEZ DAS MASSAS

Os gritos da rua

que ninguém mais escuta

diáfana alma infante

detrás da janela

a presença, muda, espeta e mutila

o silêncio é bruto

o sorriso, belo.

AURO LESCHER

Foto: Luciana Napchan, retrato do garoto L. S., exposição MIS

O LEGADO

Ao longo de quase vinte anos de atendimento a crianças e adolescentes, o Projeto Quixote foi testemunha de muitas experiências e histórias de vida. Vivenciou a cidade sob diferentes gestões públicas e encarou suas respectivas visões sobre o fenômeno rua. Fez incontáveis abordagens no espaço público, visitas familiares, atendimentos, discussões de casos e oficinas.

Ao longo do tempo, pôde perceber o constante desinvestimento público nessa área, com corte de recursos, redução de salários e do número de profissionais nas equipes, aumento de carga horária e dias de funcionamento.

Presenciamos nossas diferentes equipes sempre, sempre muito comprometidas com a vida e a transformação das difíceis histórias de vulnerabilidade que perpassam as ruas da cidade de São Paulo. Vimos educadores sofrerem pela impotência diante de desafio tão grande, muitas vezes ocupando um lugar de resistência e heroísmo frente à fragilidade e à urgência dos pedidos de proteção.

Nesse período, vimo-nos obrigados a fechar dois serviços: um abrigo, o Moinho Bixiga, e um consulado, o Moinho Luz, em 2016, por falta de estrutura (dos convênios públicos, da rede local, das condições de trabalho, da compreensão do fenômeno, da falta de uma política).
Tais processos foram dolorosos e muito intensos, conduzidos de forma a garantir respeito a todos frente à reprodução do rompimento de novos e delicados vínculos afetivos.

Políticas públicas são determinantes, tanto para a existência de crianças e adolescentes vivendo nas ruas quanto para o enfrentamento do problema, podendo facilitar ou inviabilizar o trabalho direto das equipes, por se tratar de uma questão complexa, das cidades e da (não) garantia de direitos.

Mas vimos também um imenso trabalho de equipe e a transformação de inúmeras situações de crianças, jovens e famílias, em muitos momentos axé, quando a afetividade dos encontros e o respeito às conquistas eram celebrados entre sorrisos e hambúrgueres.

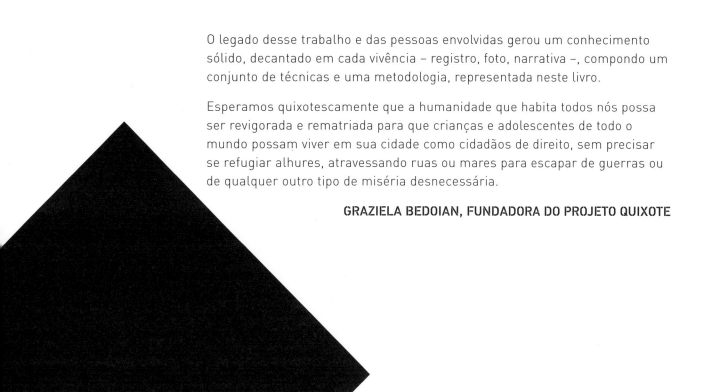

O legado desse trabalho e das pessoas envolvidas gerou um conhecimento sólido, decantado em cada vivência – registro, foto, narrativa –, compondo um conjunto de técnicas e uma metodologia, representada neste livro.

Esperamos quixotescamente que a humanidade que habita todos nós possa ser revigorada e rematriada para que crianças e adolescentes de todo o mundo possam viver em sua cidade como cidadãos de direito, sem precisar se refugiar alhures, atravessando ruas ou mares para escapar de guerras ou de qualquer outro tipo de miséria desnecessária.

GRAZIELA BEDOIAN, FUNDADORA DO PROJETO QUIXOTE

> Temos todos uma grande dívida para com essa pequena gente. Merecemos a revitalização do centro, nos seus dois sentidos: a reforma da exterioridade – do centro da cidade – e a outra, não menos trabalhosa, a reforma da interioridade, do centro de nós mesmos, introduzindo uma nova arquitetura nas ações sociais que aumente, de fato, as propensões de mudança nos espaços internos de cada paulistano, para que possamos novamente nos espantar, simplesmente por conseguir olhar o bizarro no bizarro e a criança na criança. (LESCHER E LOUREIRO, 2007)

CARTA DO ATO AO NÃO SILENCIAMENTO DE VIDAS E MORTES DE CRIANÇAS, ADOLESCENTES E JOVENS ADULTOS EM SITUAÇÃO DE RUA NO CENTRO DA CIDADE DE SÃO PAULO

São Paulo, 18 de fevereiro de 2015.

"No início de janeiro de 2014, fomos notificados de que um jovem de 19 anos atendido pela rede havia sido agredido brutalmente por outros jovens e adolescentes no centro de São Paulo, falecendo pouco tempo depois. Após essa morte, de 2014 até agora, tivemos conhecimento de pelo menos mais 7 mortes de crianças, adolescentes e jovens adultos em situação de rua. Todas essas envolvendo uma situação de violência física e/ou uso abusivo de drogas, em especial solventes, como 'lança-perfume' e 'thinner'. No caso das mortes relacionadas ao solvente, a situação de vulnerabilidade em que os jovens se encontravam foi determinante para o desencadeamento da morte, visto que nas situações houve também cenas de abuso sexual, violência, ou os mesmos estavam protagonizando furtos. Ou seja, não se tratou de casos isolados de abuso de substâncias psicoativas, e sim de uma junção de fatores que a rua impõe como grande risco para esses adolescentes.

Essas mortes só nos fizeram refletir ainda mais sobre a invisibilidade dessas crianças que vivem e morrem nas ruas de São Paulo. Assim, os serviços de atendimento a essa população se mobilizaram a fim de não silenciar sobre essas vidas e mortes. Para essa ação, formou-se um grupo de trabalho, de que participam os seguintes serviços e coletivos: Projeto Quixote, Seas Sé, Seas Santa Cecília, Creas Sé, Caps I Sé, Casa Rodante, Exu Arte, Projeto Oficinas (Cedeca Interlagos), UBS República, Consultório de Rua – SAE Campos Elíseos, Projeto 242, É de Lei, Cedeca Sé, Pivale, Piluz, Fórum de Direitos da Criança e do Adolescente Sé, Casadalapa, Matilha Cultural.

Para tanto, foram pensadas duas ações:

A criação de uma colcha de retalhos composta por mensagens, recados ou qualquer outro tipo de manifestação feita por qualquer pessoa que tenha conhecimento do fato. Os organismos que compõem esse grupo de trabalho ficarão encarregados de distribuir os retalhos e coletar as mensagens, que serão colados em forma de uma grande colcha nos dias 5 e 6 de março às 14h00 no Vale do Anhangabaú. Outros materiais simbólicos também serão produzidos nessas datas;

E no dia 13 do mesmo mês, às 15h00, foi planejado um ato que partirá do Vale do Anhangabaú e percorrerá os lugares onde essas crianças e adolescentes morreram. A ideia é vivenciar o luto com as demais crianças em situação de rua, fazendo um cortejo simbólico, denunciando e evidenciando a frequente violação dos direitos humanos e o descumprimento do Estatuto da Criança e do Adolescente."

"Essa carta é um convite a todos os atores sociais que se mobilizam com as causas dos direitos humanos e da defesa das crianças e dos adolescentes para participarem desse processo."

NÃO SILENCIAMENTO

Psicologicamente, é muito oneroso para a consciência coletiva e para a de cada cidadão quando somos obrigados a nos adaptar, a tornar "natural" algo que sabemos ser bizarro. Porque todos nós, os paulistanos inseridos e produtivos e os que vivem fissurados na Cracolândia, temos sempre muita fome de dignidade.

(LESCHER, 2014)

"NADA É IMPOSSÍVEL DE MUDAR.

Desconfiai do mais trivial, na aparência singelo. E examinai, sobretudo, o que parece habitual. Suplicamos expressamente: não aceiteis o que é de hábito como coisa natural, pois em tempo de desordem sangrenta, de confusão organizada, de arbitrariedade consciente, de humanidade desumanizada, nada deve parecer natural, nada deve parecer impossível de mudar."

BERTOLD BRECHT, FRASE LEMBRADA PELA ET LUIZA

TAMBÉM SOMOS INVISÍVEIS?

A situação descrita a seguir ocorreu em 2015, mas repetiu-se inúmeras vezes antes disso e desde então

Este mês terminou com a ação da Prefeitura e do Estado de São Paulo na Cracolândia. A palavra "massacre" talvez seja a mais justa para aqueles que vivem de perto as consequências subjetivas dessas violações que presenciamos todos os dias só de caminhar algumas quadras pela Rua Mauá. Então, vou deixar os tempos para depois, porque me vi chamada a tentar colocar em palavras o que vivi junto de Paulinho e Nádia a partir do dia 1º de maio. Irônico que tenha sido no feriado de 1º de maio que abrimos a porta do plantão para receber esses dois. Dois adolescentes assustados. Adolescentes que se confundem com a rua enrolados em seus cobertores, adolescentes invisíveis e que se fazem tão visíveis para nós. Nos xingando, só dormindo, dando uma mão, pedindo gelinho e chocolate quente. Aliás, parece que a invisibilidade das crianças em situação de rua é algo tão naturalizado que até nós, trabalhadoras(es), somos também invisíveis ao não ser avisadas de ações como essas e muito menos consultadas ou chamadas para o diálogo. Ações que interferem e ferem nosso trabalho.

Podemos até dizer, com todos os poréns, que essa situação de guerra fez com que eles chegassem de outra forma. Pela primeira vez, Paulo trouxe um pouco de sua história, a raiva de ver o padrasto espancar a mãe, a recusa em silenciar perante essa situação e se ver, assim, "refugiado" no centro. Sua institucionalização numa instituição tão cruel, a própria rua, com seus (des)prazeres e riscos: "É difícil sair da Cracolância, eu saio dela, mas ela não sai de mim". Volta e meia, vem aquele pedido não muito formulado de "quero uma casa", "quero um cuidado", "tô com medo", "me olha". Esse pedido vem de tantas formas e tão sutis, que às vezes nem percebemos. Nesse feriado, Paulo fez seu mingau, parecia até que um pedacinho de sua mátria estava ali naquele leite quente com farelo de biscoito que tomava enquanto nos contava de sua noite fugindo dos cassetetes dos polícia, do "japonês". Conheci também outra Nádia. Ela mostrou um pouco do sofrimento engasgado nos seus xingos e gritos. Pediu para eu ficar a seu lado enquanto dormia no cafofo. E, claro, me xingou depois, quando eu não quis dar o décimo gelinho.

Paulo e Nádia foram se aproximando e, como todo sobrevivente, entrando com uma perna depois da outra no Moinho. Cada um com seu movimento, nem que uma perna depois da outra seja o corpo inteiro estatelado no chão, dormindo o dia todo. Eles mostram no corpo a violência de um estado que aniquila a possibilidade de infância desses meninos e meninas. Sem nem falar aqui em direitos humanos, claro... Visíveis são os traumas da invisibilidade marcados mais uma vez no corpo magro de Nádia e Paulo. Às vezes acabamos repetindo o ciclo da violência do não dizer... Mas eles vêm todos os dias, entram e dizem "oi, tia" e esse "oi, tia" às vezes me parece um "eu, tia", "aqui, tia", "ai, tia".

Como trabalhamos pela criação de espaços de liberdade e pertencimento dessas crianças, penso que é um desafio não sermos nós, como educadoras(es) dessa rede de garantia de direitos, também invisibilizadas. Tento começar pelo exercício cotidiano de não naturalizar o que vemos todo dia como atos de violência corriqueiros: extermínio da infância, da juventude e da vida na Luz. "Tia, me dá um gelinho" é a vida que pulsa no meio desse campo de guerra.

ET LUIZA

Copa do mundo das crianças de rua
Street Child World Cup

O Projeto Quixote foi convidado para participar da primeira Copa do Mundo dos Meninos de Rua como parte de um projeto global para a conscientização sobre os direitos das crianças, lançado em março de 2010, num grande evento em Durban, África do Sul: a Street Child World Cup. Adolescentes de 14 a 16 anos representaram oito países do mundo em um torneio de futebol e participaram de um congresso no modelo ONU, em que debateram seus direitos, e também de atividades culturais e de intercâmbio, visando chamar a atenção para o problema e mostrar o potencial dessas meninas e meninos. Os debates na conferência geraram e criaram a Carta de Durban – um chamado para a ação – entregue à ONU. O Projeto Quixote foi responsável pelo time brasileiro e viajou à África com um grupo de adolescentes atendidos pelo Programa Refugiados Urbanos. A participação deles como exemplo de vida e de retomada de seus vínculos com a comunidade de origem fez com que recebessem o convite para representar o Brasil.

Os outros países representados foram Tanzânia, Filipinas, Nicarágua, Ucrânia, África do Sul, Índia e Inglaterra (que sediaria a copa depois).

VALE LEMBRAR QUE PARTICIPAR DESSE EVENTO NÃO NOS DEU ORGULHO.

Estar entre o seleto grupo de países que têm crianças e adolescentes vivendo nas ruas deve ser motivo de indignação. Desse campeonato não queremos ser campeões.

IMPLICATIONS OF THE DURBAN DECLARATION

LISTEN TO US: WE HAVE THE RIGHT TO BE HEARD

LISTEN TO US: HOME MEANS FAMILY

LISTEN TO US WHEN WE SAY WE ARE ABUSED: WE HAVE THE RIGHT TO BE PROTECTED

LISTEN TO US SO THAT WE CAN HAVE A FUTURE

Graffiti: Ota

POSFÁCIO
por Auro Danny Lescher

Existe no centro de São Paulo um campo de refugiados chamado Cracolândia. Nele perambulam dezenas de crianças e jovens em situação de extremo risco. Campo de refugiados informal, por onde também circulam adultos moradores de rua, andarilhos apressados, traficantes e policiais de plantão.

Foi batizado com esse nome por causa da pedra que, aspirada, produz um súbito e intenso achatamento do sujeito. Uma abdução para o tempo da caverna, do Neandertal. Exílio químico eficaz para tornar suportável o insuportável.

É uma saída desesperada para não sucumbir às provações e privações que a idade da pedra lhe impõe, tal como para ele se apresenta para a sociedade da qual foi expelido e que agora o trata como resíduo.

A loucura da droga acompanha frequentemente situações-limite que as pessoas são obrigadas a viver, quando, por forças externas ao sujeito e sempre violentas, impõe-se a necessidade de ruptura com sua terra, suas origens, suas referências familiares e comunitárias, suas "mátrias".

É o que ocorre com migrantes foragidos da fome e da sede, da pobreza extrema, de catástrofes naturais, com os soldados no front, com aqueles que pedem asilo depois de ameaçados e expulsos por governos tirânicos, escaramuças ou guerras civis.

Já ouvimos essa história várias vezes desde o início dos anos 1990. Por dever de ofício ou doença incurável, insistimos, mais uma vez, em dar nome aos bois na linha.

Há mais de vinte anos, quando o Projeto Quixote iniciou suas atividades, era comum, em algumas cidades, a internação forçada de crianças em situação de rua usuárias de drogas por determinação de prefeitos afoitos e mal assessorados. Entidades que distribuíam alimentos e roupas acabavam reforçando o ciclo de permanência na rua.

A PEDRA

Nosso discurso e nossa prática não têm um bom apelo de marketing: difícil preferir complexidade a soluções "simples" Convicções apressadas que negam a complexidade e se escoram no simplismo são apelos muito mais atraentes. A mídia atende ao desespero intermitente da população e exige providências rápidas com resultados instantâneos.

Mas, se novamente vemos a cavalaria dispersando os incômodos seres da caverna – só aí, um retrocesso de décadas –, também vemos os trabalhadores da saúde unindo-se aos heróis da assistência social. Podemos celebrar um ponto a favor da complexidade.

De onde vêm esses jovens que buscam refúgio em ambiente tão hostil como o centro deteriorado da cidade? A maioria **(85%)** se desloca de longe, de área periféricas, com secas ofertas e raras oportunidades para eles e suas famílias, e **71%** relatam ter ido para as ruas em razão de violências diversas – física, sexual, abandono. Menos de **12,5%** saíram de casa por drogadição, segundo pesquisa do Quixote. (Bedoian et alii, 2013)

O uso de drogas por esses jovens é circunstancial do circuito que percorrem nas ruas.

O Projeto Quixote facilita uma trajetória alternativa à rua, que privilegia arte, saúde, educação e cultura. Trabalhamos com o conceito de rematriamento. Um acompanhamento longitudinal, tecendo junto com a criança sua biografia, sua história presente e seus desejos futuros. Direcionamos nosso trabalho, portanto, também às famílias, acompanhando-os na (re)construção de uma rede local de proteção e cuidados.

A Cracolândia não é o fim da linha porque não é uma linha. É um novelo, um emaranhado. É lá que o exilado tem lugar, tem visibilidade, sai na mídia, entra na agenda de políticos e governos. Só as estratégias rasas do marketing e as conveniências eleitorais podem produzir declarações irresponsáveis decretando o fim da Cracolândia.

Se quisermos acabar com ela, teremos que contar com o apoio governamental para um trabalho de longo prazo, inspirado em metodologias consistentes já testadas por organizações sociais, trabalhando sinergicamente em rede e nas demandas múltiplas para a dignidade do sujeito. A internação involuntária e compulsória é sempre violenta e excepcional; se assumida como método, não é apenas o indivíduo que estará ameaçado, mas o próprio Estado democrático de direito.

Os jovens da terra do crack não são toxicômanos precoces, mas pessoas que buscam no exílio a afirmação de sua vida.

De qualquer maneira, o que está em jogo é o reencontro tenso e intenso de alguém consigo mesmo, e narrar a própria história é vital para se sentir razoavelmente confortável dentro do corpo.

DE CORPO E ALMA. Matéria-prima da narrativa do sujeito como ser autônomo, único, absolutamente singular, que fia com uma linha que não separa, nem aliena, nem esquarteja, mas alinhava, define e protege.

AURO LESCHER, FUNDADOR DO PROJETO QUIXOTE

GLOSSÁRIO DE ABSURDOS

criança com fome

criança com frio

criança sozinha

criança na rua

fome de criança

frio de criança

solidão de criança

rua que é casa de criança

desatenção do governo

desatenção da sociedade

criança sem pai nem mãe nem tio nem irmão

REFERÊNCIAS

ADORNO, R. C. Crianças e jovens em trânsito para a rua: um problema de saúde pública. **Relatório de pesquisa Fapesp**. Faculdade de Saúde Pública, Universidade de São Paulo, São Paulo, 1996.

BEDOIAN, G. A.; Lam, C.; Lescher, A. D.. Loureiro, C. S. Crianças e adolescentes em risco social: refugiados urbanos. In: MATEUS, M. D. (Org.). **Políticas de Saúde Mental**. São Paulo: Secretaria de Estado de Saúde de São Paulo, 2013. p. 347-360.

BEDOIAN, G. Redução de danos e inclusão social. In: FÓRUM NACIONAL DE SAÚDE MENTAL INFANTOJUVENIL, ÁLCOOL E OUTRAS DROGAS: ATENÇÃO INTEGRAL E INCLUSÃO, 4., 2009, Brasília.

BEDOIAN, G. O olhar, a rua e a rede: prevenção do uso de drogas. In: **Prevenindo a drogadição entre crianças e adolescentes em situação de rua**. Brasília, DF: UNDCP/CSAM/UnB, 1999. p. 143-152.

DERRIDA, J. **Anne Dufourmantelle convida Jacques Derrida a falar da hospitalidade**. São Paulo: Escuta, 2003.

GUIMARÃES, G. F. Moinho da Luz: uma experiência de atenção a crianças e adolescentes em situação de rua. In: LESCHER, A. D.; BEDOIAN, G. A. **Textos de Apoio.** São Paulo: Setor Ensino/Projeto Quixote, 2007. p. 11-18.

GUIMARÃES, G. F. **A clínica do desenraizamento**: atendimento a criança em situação de risco. Dissertação (Mestrado em Psicologia Clínica) – Pontifícia Universidade Católica, São Paulo, 2007.

LAM, C. A subjetividade adolescente em uma instituição de acolhimento. In: **Adolescência**: um lugar de fronteiras. Porto Alegre, RS: Associação de Psicanalítica de Porto Alegre, 2004. p.28-39.

LESCHER, A. D.; LOUREIRO, C. S. Refugiados urbanos. In: LESCHER, A. D.; BEDOIAN, G. A. **Textos de Apoio**. São Paulo: Setor Ensino/Projeto Quixote, 2007. p. 7-10.

LESCHER, A. D. Uma ilha para Sancho Pança. **Boletim da Rede**, São Paulo: Projeto Quixote/FSP, n. 3, p. 1, fev. 1999.

LESCHER, A. D. et al. **Cartografia de uma rede**: mapeamento do circuito de rua entre crianças e adolescentes em situação de rua da cidade de São Paulo. São Paulo: Unifesp, 1999.

LOUREIRO, C. S. Reflexões sobre o trabalho com o outro a partir do fenômeno de jovens em situação de vulnerabilidade e situação de rua. In: Conselho Regional de Psicologia da 6ª Região (Org.). **Álcool e outras drogas**. São Paulo: CRP, 2012. p. 121-126.

MARTINS, R. C. R. **A escuta ético-política na rua**. Dissertação (Mestrado em Psicologia Social) – Pontifícia Universidade Católica, São Paulo, 2016.

OLIEVENSTEIN, C. Toxicomania, exclusão e marginalidade. In: BAPTISTA, M.; INEM, C. (Org.). **Toxicomanias**: abordagem multidisciplinar. Rio de Janeiro: Nepad/Uerj/Sette Letras, 1997. p. 17-23.

OLIEVENSTEIN, C. Comentários sobre o mapeamento. In: Lescher, A. D. et al. **Cartografia de uma rede**: mapeamento do circuito de rua entre crianças e adolescentes em situação de rua da cidade de São Paulo. São Paulo: Unifesp, 1999. p. 52-53.

OLIEVENSTEIN, C. **Le destin du toxicomane**. Paris: Fayard, 1983.

RAMOS, F. Q. **Reflexões sobre o potencial terapêutico dos encontros com crianças e adolescentes em situação de rua no centro da cidade de São Paulo**. Dissertação (Mestrado em Psicologia Clínica) – Instituto de Psicologia, Universidade de São Paulo, São Paulo, 2016.

RIGATO, F. D. Adolescência e delinquência: vítimas e agressores. In: LESCHER, A. D.; BEDOIAN, G. A. **Textos de Apoio**. São Paulo: Setor Ensino/Projeto Quixote, 2007. p. 103-116.

UNICEF. Fundo das Nações Unidas para a Infância. **Relatório sobre a situação mundial da infância**, 2006.

VOGEL, A.; SILVA MELLO, M. A. Da casa à rua: a cidade como fascínio e descaminho. In: FAUSTO, A.; CERVINI, R. (Org.). **O trabalho e a rua**: crianças e adolescentes no Brasil urbano dos anos 80. São Paulo: Unicef/Flacso/Cortez, 1991. p. 133-150.

LINKS

Street Children: The Durban Declaration – a call to action from the Street Child World Cup Durban Declaration. Disponível em: ←http://www.crin.org/violence/search/closeup.asp?infoid=23590→. Acesso em: 11 set. 2017.

Survivel Guide São Paulo – Projeto Quixote. Disponível em: ←https://youtu.be/6bgrNIapMX0→. Acesso em: 11 set. 2017.

CRÉDITOS DAS IMAGENS

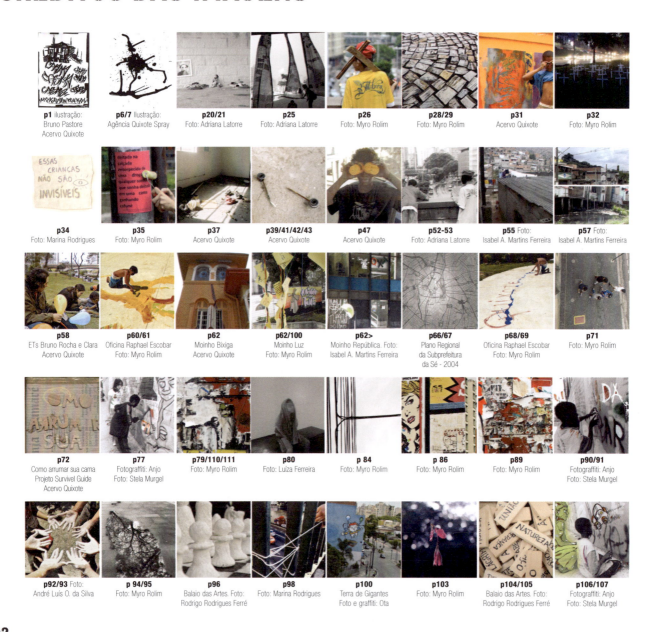

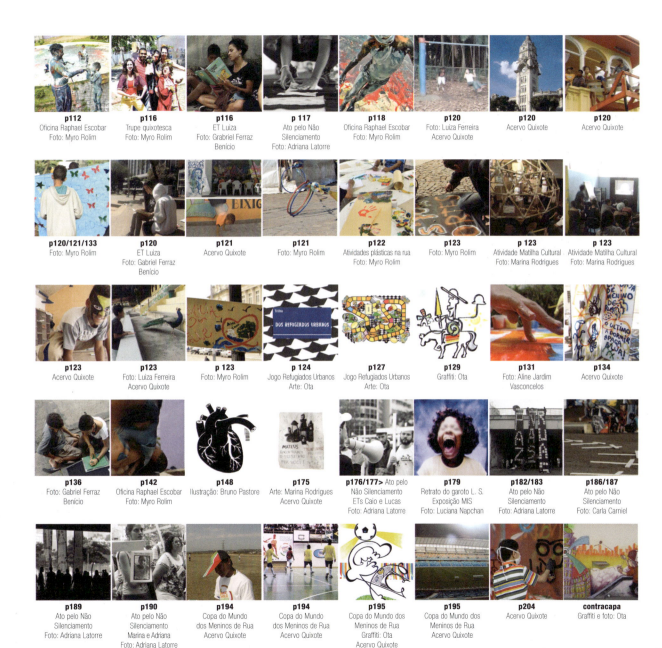

O PROJETO QUIXOTE

O **PROJETO QUIXOTE** é uma Oscip que atua desde 1996 com a missão de transformar a história de crianças, jovens e famílias em complexas situações de risco, por meio de atendimento clínico, pedagógico e social integrados, gerando e disseminando conhecimento.

Para enfrentar todos os dragões dessa empreitada, o **PROJETO QUIXOTE** aposta na arte, na educação e na saúde como formas de aproximação e vínculo com esse público. A estratégia é construir alternativas para os desafios cotidianos de sua vida – a violência, o abandono, a falta de referências e o abuso de drogas – por meio de oficinas artísticas e ações clínicas e sociais, em que criatividade, afeto e expressão caminham sempre juntos.

O **PROJETO QUIXOTE** atua nas áreas de inclusão social, educação e saúde nas seguintes frentes:

ATENDIMENTO

Com estratégias lúdicas, são construídos vínculos afetivos que possibilitam o surgimento espontâneo de demandas, respondidas por uma equipe multidisciplinar. A frente de Atendimento é dividida em cinco programas:

Programa Pedagógico – Oficinas pedagógicas artísticas e lúdicas como graffiti, dança, música, teatro, culinária, esportes, informática, criatividade, leitura, jogos e brincadeiras, leitura e escrita, capoeira, karatê e acompanhamento escolar.

Programa Clínico – Atendimento em psicologia, psiquiatria, pediatria, fonoaudiologia, terapia ocupacional, clínica médica, psicopedagogia e serviço social, sendo referência em abuso de drogas, saúde mental, violência e abuso sexual.

Programa Atenção à Família – Atendimento psicossocial e geração de renda para familiares dos atendidos por meio da produção e venda de produtos artesanais.

Programa de Educação para o Trabalho

> Quixote Jovem: formação em competências básicas para o mundo do trabalho em oficinas de cidadania, comunicação, projetos e informática.

> Agência Quixote Spray Arte: formação e geração de renda por meio do graffiti.

Refugiados Urbanos – Atendimento a crianças e adolescentes em situação de rua, visando o rematriamento, o retorno a sua comunidade de origem.

FORMAÇÃO E PESQUISA

Estudar a prática para produzir conhecimentos e subsidiar políticas públicas voltadas a crianças, jovens e famílias em situação de risco. Por meio de cursos, supervisões, consultorias e publicações para técnicos e educadores sociais de todo o Brasil, procuramos trocar e multiplicar os aprendizados.

Em mais de vinte anos de atividades, o Projeto Quixote já atendeu cerca de 14 mil pessoas, sendo mais de 227 mil atendimentos a crianças, adolescentes e famílias. Por ano, são atendidas em média 1,5 mil pessoas e realizados 20 mil atendimentos. Aproximadamente 4 mil educadores e técnicos já passaram pelas ações da área de Formação e Pesquisa.

Como reconhecimento por suas ações, o PROJETO QUIXOTE já recebeu diversos prêmios:

Prêmio Dom 2016 – Grupo Fleury, Prêmio Excelência da Brazil Foundation 2013; Prêmio Economia Criativa, do Ministério da Cultura, com a Agência Quixote Spray Arte 2012; Prêmio Itaú de Excelência Social em 2008 e 2011; Finalista no Dubai. International Award for Best Practices to Improve the Living Environment e Participante da Mostra de Tecnologias Sustentáveis do Instituto Ethos, com o projeto Escritório-Escola, em parceria com a PwC. 2010; Prêmio Best in Class do Recognition Award (PwC) e Marketing Best Social em 2009; Prêmio Top Social ADVB. 2007; com o projeto de educação para o trabalho Redesenhando o Futuro em parceria com a Petrobras; Semifinalista do Prêmio Itaú – Unicef em 2007, e finalista em 2001; Finalista do Prêmio Trip Transformadores em 2007, na categoria Teto; Finalista do Prêmio Empreendedor Social 2006 da Folha de S.Paulo em parceria com a Fundação Schwab; Selo Organização Parceira do Centro de Voluntariado de São Paulo 2005; Projeto de Educação para o Trabalho finalista na categoria Apoio à Criança e ao Adolescente, do Guia de Boa Cidadania Corporativa da revista Exame. 2003; 1º Colocado no Concurso Nacional de Jingle – Senad (Secretaria Nacional Antidrogas) em 2003; Diploma de Mérito pela Valorização da Vida, conferido pelo Senad em 2002; Prêmio Empreendedor Social 2000 pelo plano de negócios da Agência Quixote Spray Arte, premiada também como ideia inovadora pela Ashoka Empreendedores Sociais e pela Mckinsey & Company; Prêmio Ação Criança 1999, da Fundação Abrinq, 2009.

Entre os nossos principais parceiros, podemos mencionar a Unifesp, Secretaria de Assistência e Desenvolvimento Social do Município de São Paulo (Smads), Secretaria Municipal de Direitos Humanos e Cidadania (SMDHC), Secretaria de Saúde do Município de São Paulo, Conselho Municipal da Criança e do Adolescente (CMDCA), Conselho Estadual dos Direitos da Criança e do Adolescente (Condeca), Porto Seguro, Brazil Foundation, PriceWhaterhouseCoopers, Instituto Arredondar, Gerdau, Itaú, Bic, Tegma, Banco Caixa Geral de Depósitos, Rede Folha de Empreendedores, Ashoka, PP&C.

Este livro teve o apoio de:

AAPQ – Associação de Apoio ao Projeto Quixote
Av. Eng. Luís Gomes Sangirardi, 789, Vila Mariana – 04112-080 – São Paulo – SP
Telefones (+5511) 5572-8433 / 5904-3524 / 5081-6632 / 5539-0711
Site: www.projetoquixote.org.br E-mail: qxt@projetoquixote.org.br